锦衣罗裙

馆藏京城·西域传统服装研究

北京艺术博物馆 编
哈密市博物馆

北京燕山出版社

编委会

主编	王丹　马迎霞
副主编	周严　严枫
执行主编	王淑珍　李舜尧
编委	胡桂梅　库尔班·热合曼　刘远洋　杨小军　孙秋霞
	李蓓　王放　赵伶　高飞　王田　杨雪
词条撰写	王淑珍　郑凯琪

目录

序言
前言

传统京城服装

- 005　紫色暗花绸贴绣连生贵子坎肩・清晚期
- 006　枣红色福在眼前暗花缎一字襟坎肩・清晚期
- 007　粉色花蝶纹暗花缎对襟坎肩・清晚期
- 008　枣红色暗花绉绸一字襟棉坎肩・清中期
- 009　湖蓝暗花缎绣吉庆有余坎肩・民国
- 010　湖蓝暗花缎衫・清中期
- 011　浅蓝色纱绣五彩花卉纹衫・清晚期
- 013　月白色暗花罗衫・民国
- 014　桃红色梅兰竹菊提花绸袄・清中期
- 014　鹅黄色云鹤八宝暗花缎袄・清中晚期
- 015　蓝色百蝠云纹暗花缎袄・清晚期
- 016　宝蓝缎绣一枝花袄・清晚期
- 017　绛色织金纱团寿纹袄・清晚期
- 018　红缎绣团花人物纹袄・清晚期
- 019　红缎彩绣花卉纹袄・民国
- 020　蓝色软缎缉珠绣花卉纹小袄・民国
- 020　湖蓝色提花缎镶三色串花棉袄・民国
- 021　石青缎绣海水江崖褂・清晚期
- 022　石青缎绣花蝶纹褂・清中期
- 023　红色天鹅绒如意对襟褂・清晚期
- 024　青色缎盘绦绣葡萄纹褂・清晚期
- 024　蓝色缎织折枝花纹琵琶襟马褂・清晚期
- 025　紫色缎打籽绣花蝶纹袍・清中期
- 026　红色暗花绸氅衣・清晚期
- 027　湖蓝色富贵万年纹暗花绸衬衣・清晚期
- 028　红色暗花绸绣云鹤纹衬衣・民国
- 029　青色缎绣花篮纹褂襕・清晚期
- 030　镶蓝色缎边彩条凤尾式马面裙・清晚期
- 031　红色暗花纱彩绣博古插花阑干裙・清中期
- 032　蓝绿色缎绣五彩花卉纹阑干裙・清中期
- 033　雪青暗花绸印花百褶裙・清晚期
- 033　浅藕荷色缎彩绣花鸟阑干裙・清晚期
- 034　彩条暗花绸凤尾式马面裙・清晚期
- 035　灰蓝色暗花纱墨绣花篮纹阑干裙・清晚期
- 035　杏黄缎彩绣瓶花纹阑干裙・清晚期
- 036　粉色绸盘金绣龙凤海水纹阑干裙・清晚期
- 037　红色提花缎绣花卉纹阑干裙・民国
- 038　红绒地贴打籽绣博古图阑干裙・民国
- 038　水粉色暗花绸绣花蝶鱼鳞裙・民国
- 039　宝蓝花蝶皮球花闪缎裤・清晚期
- 040　藏蓝缎彩绣花卉纹套裤・清晚期
- 041　藕荷色暗花缎绣花蝶弓鞋・民国
- 042　提跟儿・清晚期
- 043　野猪皮靰鞡・清
- 044　红缎地绣花鸟寿字纹旗鞋・清
- 045　湖绿绢绣花卉纹弓鞋・清
- 046　紫色缎饰十二生肖眉勒・民国
- 047　浅灰绿绉绸绣花卉纹汗巾・清晚期
- 048　雪青色暗花绸绣瓦当纹汗巾・清晚期
- 049　三色缎打籽绣花蝶纹四合如意式云肩・清晚期
- 050　本色缎画花蝶纹四合如意式云肩・清晚期
- 051　藏蓝缎绣桃实纹云肩・清晚期
- 052　本色缎绣亭台花鸟纹葵花形云肩・清晚期
- 052　绫地绣折枝花柳叶式云肩・清晚期
- 053　彩锦膝裤・清晚期
- 054　织长寿纹绑腿带・清晚期
- 055　绛色缎织福寿三多纹绑腿带・清晚期
- 056　宝蓝色寿字纹腰带・民国
- 057　淡绿色腰带・民国
- 057　紫红色腰带・民国
- 058　红色提花绸绣仙人骑鹿肚兜・清晚期

059 传统西域服装

- 061　皮大衣・距今约3000年左右
- 062　彩色格纹毛布・距今约3000年左右
- 063　红色绸绣折枝花蝶对襟棉袍・清
- 065　紫色暗花缎对襟棉箭袍・清
- 066　红色提花缎对襟夹袍・清
- 066　大红色荷花鸳鸯团暗花绸对襟夹袍・清
- 067　大红色暗花缎绣折枝花对襟夹袍・清
- 069　橘黄色团花纹暗花缎对襟夹袍・清
- 070　红色团双龙戏珠暗花缎对襟夹袍・清
- 071　紫红色"福寿万年"暗花缎对襟夹袍・清
- 072　蓝色折枝花提花缎对襟棉袍・清
- 073　紫红色福寿纹暗花缎对襟夹袍・清
- 074　紫色素缎对襟棉袍・清
- 075　月白色绸绣海水江崖纹棉袄・清
- 077　紫色丝绒夹袄・清
- 077　红色地黄折枝花两色段夹袄・清
- 078　粉色暗花缎夹马褂・清
- 078　红色暗花缎夹袄・清
- 079　蓝色漳缎琵琶襟夹马褂・清
- 080　柳绿色暗花绸琵琶襟夹坎肩・清
- 081　紫红色缎夹坎肩・清
- 082　蓝色暗花绸琵琶襟夹坎肩・清
- 083　红色缎绣福寿纹琵琶襟夹坎肩・清
- 084　银饰铃铛花帽・清
- 085　黑绒地钉金绣花蝶纹花帽・清
- 085　红地织金锦花帽・清
- 086　雪青色缎绣花蝶纹女袜・清
- 086　黑色灯芯绒绣花卉纹女袜・清

089　积厚流广
　　——从清代满族、维吾尔族女性马甲看京城西域文化的融合　孙秋霞

097　清代女裙探微　刘远洋

105　古代蝴蝶纹饰吉祥寓意及其特点　王田

111　如意云纹装饰在清代服饰中的应用　李蓓

117　百花深处
　　——清代女性服饰吉祥图案　王放

125　浅识"锦衣罗裙——京城西域传统服装联合展"里的清代女性汉服　高飞

131　一条纽带贯中西
　　——浅析印度笈多艺术对北朝造像服饰的影响　赵伶

137　浅析清代新疆地区服装面料的来源与品种　王淑珍

149　章身锦衣京城样
　　——从清代哈密传统服饰设计管窥京城西域服饰艺术交融　杨雪

155　清代大红色暗花缎绣折枝花对襟夹袍的修复　库尔班・热合曼

序言

北京艺术博物馆收藏有丰富的京城传统服装，新疆哈密市博物馆收藏有西域特色的传统服装，两个博物馆本着依托展览促进资源共享，通过合作交流促进文化创新的意愿，于2018年8月10日至10月10日，在哈密市博物馆举办了"锦衣罗裙——京城·西域传统服装联合展"，展品时代跨越距今约3000年至近百年。来自哈密五堡出土的青铜时代的皮大衣、毛织物，来自清代哈密回王府的袷袢、海水江崖纹棉袄；来自北京艺术博物馆珍藏的青色缎盘绦绣葡萄纹褂、红色暗花绸氅衣等，均是本次展览的亮点。《锦衣罗裙——馆藏京城·西域传统服装研究》一书，是展览的延续，亦是展览的补充，更是两馆间协力同心、增进交流与合作的结晶。

北京和新疆都是多民族聚居之地，古往今来，丝绸之路的时空延展和沧桑变迁，让服装艺术在各自地域形成了不同的特色。西汉时期，张骞两次出使西域，并经过此后不断的经营，基本打通了中国中原地区与中亚、西亚及欧洲的交通。中原的丝绸、印度的棉布输入西域，使西域服装呈现多元化风貌。新疆哈密市博物馆收藏的清代服装，其款式、材质、纹样，反映了维吾尔族服饰的融合性、独特性。北京艺术博物馆收藏的传统服装，其中汉族服装主要为上衣下裳式，满族服装主要为袍服式；至清末，浩繁礼制的衰微，体现在服装上，是满族文化和汉族文化融合的影子。这些异彩纷呈的服装，均反映了中华民族多元一体格局下的服饰文化及审美趋向。

博物馆是人类文化遗产的守护者和传承者，我们要不断拓宽展览主题，创新办展模式，通过馆际合作，"让文物活起来"，使更多的民众享受到不同地域的文化资源，有效地改善单座博物馆文物藏品资源和陈列展览资源有限的局面，进而丰富博物馆的社会教育活动。通过联合办展，促进当地民众对自身文化特点的深入了解，以及对组成人类文化遗产的其他民族文化价值的认知。

服装是人类为了生存而创造的物质条件，是人类在社会性生存活动中所依赖的一种精神和文化表现要素，她反映了时代的变迁之路。北京艺术博物馆、新疆哈密市博物馆收藏的这些彰显地域特色的服装式样，有的已经湮没在历史的长河中；有的传承至今，历久弥新；有的不断演化和创新，引领着当代时尚潮流。今后，我们还会继续举办北京、新疆两地文物交流展，按照习总书记让文物活起来的总体要求：让历史说话，让文物说话；共同推进中华优秀传统文化的创造性转化和创新性发展，为文物事业做出我们应有的贡献。

王　丹

北京艺术博物馆馆长

前言

我们伟大的祖国历史悠久、地域辽阔，漫长的岁月和丰厚的文化积淀，造就了丰富多彩的中华民族服饰文化。俗语说"百里不同风，千里不同俗"。坐落在辽阔的华北平原的北京，是中华六朝古都；地处祖国西部边陲的新疆，是西域多种文化交融荟萃之地。不同地区的生活方式孕育了不同的文化，受到民族信仰和民俗习惯的影响，京城、西域传统服装异彩纷呈。

西域服装融合中原汉族、北方游牧民族和中亚胡人的文化元素于一体，为各民族文化交融的产物。先秦时期，西域皮革鞣制技术、毛纺织技术、染色工艺都有了较大的发展，服装款式由简单到复杂，逐步发展起来。清代维吾尔族服装，制作工艺精美，款样独具特色，具有浓郁的民族色彩。京城服装，汉族、满族发展情况不一，清朝初期，满族妇女以长袍为主，而汉族妇女仍以上衣下裙为时尚；清朝中期，满汉各有仿效；清朝晚期，满族效仿汉族的风气日盛，甚至出现了"大半旗装改汉装，宫袍裁作短衣裳"的描述。

"锦衣罗裙——京城西域传统服装联合展"汇集了北京、新疆两地文物160件（套），其中北京艺术博物馆藏品90件（套），为清至民国时期传统服装；新疆哈密市博物馆藏品70件（套），既有早期丝绸之路上的皮大衣、毛织物，也有清至民国时期服装。希望通过同台展示两地服装，再现丝路文化的双向交流，使观众领略京城、西域传统服装的风采。本书精选其中百余件文物，希望服装成为中华各民族间相互交流、和谐共处的纽带，谱写民族团结新篇章。

传统京城服装

清代，北京地区及周边流行的汉族服装包括衫、袄、褂、裙、裤等，满族服装包括袍、褂、衬衣、氅衣、马褂、褂襕等。清至民初，随着满汉文化长期的碰撞、交流和融合，满族贵族传统袍服由紧身窄袖，日渐宽大；汉族也一度流行满族的"八团"纹饰。无论满族还是汉族服装，均喜饰以华丽的边饰，且道数以多为美，有些衣服上的镶边甚至多达十八道，被称为"十八镶"，使衣服出现了镶边为主，地子为辅，镶边几乎遮住地子的现象。较窄的镶绲边多为机织的绦带或素缎、素绸；较宽的边饰，其质地、工艺和图案，与服装面料相呼应，彰显了华丽面料及其精致的织绣工艺。

衣袍

京城汉族女装，在清代康熙、雍正时期还保留明代款式，主要为上衣下裳式，或襦裙式；乾隆以后，衣服渐肥渐短，袖口日宽，再加云肩，花样翻新；到清晚期时汉族妇女流行穿裤子，衣服镶花边、绲牙子。满族妇女着装，经历了由箭袖袍向平袖袍的过渡。旗装款式也由早期的腰身上小下大、底摆肥大，到中期的直身式，再到晚清镶绲宽大繁缛的花边。满汉服饰彼此间相互影响，带来各自服装款式的演变，使京城服装式样五彩缤纷。

紫色暗花绸贴绣连生贵子坎肩

- 清晚期　北京艺术博物馆藏
- 身长 37cm
  肩宽 25cm
  下摆宽 31cm

正面为紫色暗花绸，纹饰为暗八仙中的扇子、莲花、洞箫、花篮，另有卷云、杂宝。暗八仙是传说中的道家八散仙所持的宝器，它们分别是：葫芦、扇子、渔鼓、荷花、花篮、宝剑、洞箫、阴阳板。暗八仙之所以称『暗』，一是指没有直接出现八仙的形象；二是指八种器物各有仙气神法，能逢凶化吉，有暗中保佑的意思。花绦边由两个寿桃组成蝙蝠的形状，双权几何纹造型，寓意福寿双全。胸部贴绣莲花、藕、童子、水草、鱼，寓意连生贵子、连年有鱼。背面为黄绿色福寿杂宝纹暗花绸。灰蓝色棉布里衬。

枣红色福在眼前暗花缎一字襟坎肩

- 清晚期　北京艺术博物馆藏

  身长 134cm
  肩宽 41.5cm
  下摆宽 91cm

- 立领，无袖，一字襟。枣红色暗花缎面，暗花纹样为蝙蝠衔着双钱，『蝠』与『福』同音，『前』与『钱』谐音。古钱有孔寓意眼，此图案寓意幸福已到眼前。一字襟坎肩最先流行于八旗子弟中，起初穿在袍子里面，到了清代中晚期，改为穿在袍子外面；而且一般官员也都穿着。边饰为青色缎，织金缎绲边，鹭鸶莲花纹铜扣，寓意一路连科。无里衬。

粉色花蝶纹
暗花缎对襟坎肩

- 清晚期 北京艺术博物馆藏
  身长 72cm
  肩宽 42cm
  下摆宽 82cm

- 立领，无袖，对襟，三开裾。面料为粉色暗花缎，暗花有蝴蝶、牡丹、荷花，纹样造型灵动、流畅。三道镶边，内层为淡绿色折枝梅花蝴蝶团凤纹绦子，夹层为青色卍字花蝶纹绦子，青色素缎缘边。有驮领，立领三层镶边，由内而外分别为淡黄色、紫色花绦子、青色素缎。蓝色素绸里衬。

枣红色暗花绉绸一字襟
棉坎肩

- 清中期　北京艺术博物馆藏

  身长 39cm
  肩宽 25cm
  下摆宽 44cm

- 圆领，无袖，一字襟，左右开裾。枣红色暗花绉绸纹样有菊花、兰花。三道镶边，内层为朵花形绦子，夹层为蓝色缎地织牡丹、菊花、荷花、蝴蝶、蝙蝠、盘长纹，青色缎缘边。月白绸里衬。

湖蓝暗花缎绣吉庆有余坎肩

- 民国　北京艺术博物馆藏
- 身长 38cm
  肩宽 24cm
  下摆宽 37cm

立领，无袖，人字襟。领口缀扣一，两肩及左右下摆各缀扣二。人字襟是指坎肩的前襟上端并不与肩相缝连，而是在两肩下部缀扣相连，襟呈人字状，故曰"人字襟"。人字襟坎肩一般尺寸较小，为女款坎肩之一。此件坎肩面料为湖蓝色折枝花暗花缎，前襟粉色丝绦钉线绣磬、双鱼，"磬"与"庆"谐音，"鱼"与"余"谐音，因此图案寓意吉庆有余。粉色绦子镶边，灰蓝布里衬。

湖蓝暗花缎衫

- 清中期　北京艺术博物馆藏

  身长 110cm
  通袖长 146cm
  袖宽 46cm
  腰宽 74cm
  下摆宽 95cm

- 立领，大襟右衽，平阔袖，左右开裾。湖蓝色暗花缎面料，暗花有牡丹、菊花、梅花、葡萄等图案，表达富贵多子、四季长春的美好寓意。领口、衣襟及袖边有多道花边装饰。无里衬。

月白色暗花罗衫

- 民国　北京艺术博物馆藏
- 身长 104cm
  通袖长 150cm
  袖宽 21cm
  腰宽 55cm
  下摆宽 66cm
- 立领，窄袖，大襟右衽，左右开裾。月白色折枝花纹暗花杭罗。开裾处贴绣蝴蝶纹，缀月色流苏。前后衣角处贴绣花纹。领、袖、边饰青色细缎，元青缎边。无里衬。

桃红色梅兰竹菊提花绸袄

- 清中期
  北京艺术博物馆藏
  身长 50.5cm
  通袖长 74cm
  袖宽 22cm
  腰宽 46cm
  下摆宽 53cm

  圆领，斜襟右衽，窄袖，左右开裾。面料为桃红色梅兰竹菊提花绸。领缘、襟边、袖口饰花绦、青色缎两道，青色缎缘边。蓝布里衬。

鹅黄色云鹤八宝暗花缎袄

- 清中晚期
  北京艺术博物馆藏
  身长 93cm
  通袖长 138cm
  袖宽 44cm
  腰宽 70cm
  下摆宽 90cm

  圆领，大襟右衽，平阔袖，左右开裾。领、袖边饰蓝紫色几何纹绦边，蓝紫缎镶细绦边。暗花缎，主体纹样云鹤八宝纹。八宝又称八吉祥，亦称『佛八宝』，由八种佛教中象征吉祥的器物组成，分别是法螺、法轮、宝伞、白盖、莲花、宝瓶、金鱼、盘长，合称『螺轮伞盖，花瓶鱼长』。本色棉布里衬。

蓝色百蝠云纹暗花缎袄

- 清晚期　北京艺术博物馆藏

  身长 67.5cm
  通袖长 117cm
  袖宽 37cm
  腰宽 72cm
  下摆宽 74cm

- 圆领，斜襟右衽，平阔袖，四开裾。面料为蓝色百蝠云纹暗花缎，领缘、衣边镶三道花绦，青色缎缘边。白色绸绣花鸟葡萄纹接袖。红色暗花绸里衬。

宝蓝缎绣一枝花袄

清晚期　北京艺术博物馆藏

- 身长 105cm
- 通袖长 133cm
- 袖宽 48cm
- 腰宽 72cm
- 下摆宽 90cm

- 立领，大襟右衽，窄袖，左右开裾，直身式袄。宝蓝缎面料，前后主体纹饰在一主干上绣出三枝大花，分别是茶花、菊花、牡丹，双肩亦为牡丹；另有各种小花生长在枝干上。立领绣折枝朵花。湖蓝缎里衬。

袄 绛色织金纱团寿纹

清晚期　北京艺术博物馆藏

身长 118cm
通袖长 165cm
袖宽 38cm
腰宽 74cm
下摆宽 101cm

圆领，大襟右衽，左右开裾至腋下，平袖。面料为绛色织金纱，捻金线织团寿纹。领缘、衣边以花绦、青色绸装饰。铜扣四枚。无里衬。

红缎绣团花人物纹袄

- 清晚期　北京艺术博物馆藏

- 身长 82cm
  通袖长 135cm
  袖宽 25cm
  腰宽 50cm
  下摆宽 62cm

- 圆领，大襟右衽，左右开裾，窄袖。红色素缎面料，彩绣十团花，其中正面五团，背面五团。团花主体为戏曲人物，并饰有寓意榴开百子、凤穿牡丹、喜鹊登梅、玉堂富贵等吉祥图案。衣袖饰葫芦、蝴蝶。领、袖、边饰蓝色花绦、元青缎宽边并缘边。里衬为月白色暗花绸。

袄 红缎彩绣花卉纹

- 民国　北京艺术博物馆藏
- 身长 61cm
  通袖长 136cm
  下摆宽 48cm
- 立领，大襟右衽，窄袖，左右开裾。面料为红色素缎，通身边缘镶织银花绦，前后身绣风格相同的花卉、植物，主体花卉打籽绣。两袖对称绣牡丹、海棠，寓意满堂富贵。缀紫色绦带盘扣七枚。粉红色棉布里衬。

蓝色软缎缉珠绣花卉纹小袄

- 立领，大襟右衽，平阔袖，收腰，左右开裾。蓝色软缎地，正面、背面、双袖分别用缉珠绣花簇。领、衣、袖边为元青缎缘边。褐色菊花纹提花绸里衬。

- 民国
  北京艺术博物馆藏
  身长 62cm
  通袖长 117cm
  袖宽 25cm
  腰宽 42cm
  下摆宽 55cm

湖蓝色提花缎镶三色串花棉袄

- 立领，大襟右衽，平袖，左右开裾。面料为湖蓝色提花缎，芙蓉、天竹提花，领缘饰粉色、绿色丝绦盘花，青缎缘边，另有青色丝绦饰领缘内、衣边及开裾处。衣袖镶粉色串枝四季花卉绦边、蓝色龟背地树叶纹绦边两道。月白色绸里衬。

- 民国
  北京艺术博物馆藏
  身长 65cm
  通袖长 112.5cm
  袖宽 26cm
  腰宽 50cm
  下摆宽 68cm

石青缎绣海水江崖褂

清晚期　北京艺术博物馆藏

身长 115cm
通袖长 140cm
袖宽 37cm
腰宽 71cm
下摆宽 93cm

立领，对襟，平袖，左右开裾，缀铜扣五枚。面料为石青缎，彩绣牡丹、榴花、菊花、兰花、灵芝、水仙、蝴蝶、南瓜、海水江崖等。袖口镶一道装饰，外边是湖蓝缎绣山水人物纹小景，其上镶一道蓝地花绦，内层为青地织牡丹、菊花、团寿、古钱纹花绦，青色缎缘边。立领处绣兰花。月白色暗花缎里衬。

石青缎绣花蝶纹褂

- 清中期　北京艺术博物馆藏
- 身长 95cm
  通袖长 122cm
  袖宽 45cm
  腰宽 67cm
  下摆宽 83cm
- 立领，对襟，宽袖，左右开裾。面料为石青缎，彩绣牡丹、梅花、玉兰、菊花、茶花、蝴蝶等，对襟处缀 2 条飘带用于系结。月白色素绸里衬。

红色天鹅绒如意对襟褂

- 清晚期　北京艺术博物馆藏

  身长 103cm
  通袖长 132cm
  袖宽 44cm
  腰宽 69cm
  下摆宽 87cm

- 立领，对襟，宽袖，左右开裾。面料为红色天鹅绒，对襟处饰双如意，缀蓝色绸带用以系结。领缘、衣边镶二道丝绦和一道青色缎，另有一道青缎缘边。挽袖为本色缎绣亭台人物小景，镶青色水波纹丝绦。月白色素绸里衬。

青色缎盘绦绣葡萄纹褂

- 清晚期
  北京艺术博物馆藏
  身长 102cm
  通袖长 141cm
  袖宽 22cm
  腰宽 48cm
  下摆宽 62cm

  立领，对襟，平袖，左右开裾，镶假领。面料为青色缎，衣边部位由浅蓝色、雪青色缎盘绦绣卷叶葡萄纹，袖边为本色缎绣牡丹花纹。蓝色素绸里。

蓝色缎织折枝花纹琵琶襟马褂

- 清晚期
  北京艺术博物馆藏
  身长 51cm
  通袖长 120cm
  袖宽 26cm
  腰宽 54cm
  下摆宽 79cm

  圆领，右衽，琵琶襟，平袖，四开裾。通身镶四道青色缎边饰，缀青色缎盘花扣五枚。紫色绸里衬。

紫色缎打籽绣花蝶纹袍

- 清中期　北京艺术博物馆藏
- 身长 135cm
  通袖长 141cm
  袖宽 32cm
  腰宽 59.5cm
  下摆宽 85cm
- 立领，大襟右衽，平袖，左右开裾。面料为紫色素缎，襟上对称打籽绣牡丹、兰花、茶花、水仙、玉兰、海棠花、绣球、荷花、蝴蝶等。领缘、衣缘饰本色缎打籽绣兰花、桂花、荷花、肉粉色缎缘边。4枚肉粉色盘扣。蓝绿色绸里衬。

红色暗花绸氅衣

- 清晚期　北京艺术博物馆藏

  身长 130cm
  通袖长 93cm
  袖宽 23cm
  腰宽 46cm
  下摆宽 63cm

- 立领，大襟右衽，挽袖，左右开裾至腋下，直身式袍。红色暗花绸面料，暗花为团花"三秋图"，即以秋天的菊花、蜀葵、海棠花组合，表现"秋"的主题。这件氅衣作为应景服装，应是秋天穿着。边饰三道，内层为湖色牡丹、荷花、梅花纹绦子，夹层为青色缎绣玉兰、桃花、兰花、菊花、海棠花、彩蝶纹，元青缎缘边。挽袖则有五道边饰，增加了白缎地绣花卉边饰，镶粉色花绦。开裾处如意头作装饰。无里衬。

湖蓝色富贵万年纹暗花绸衬衣

- 清晚期　北京艺术博物馆藏
- 身长 143cm
  通袖长 146cm
  袖宽 22cm
  腰宽 48cm
  下摆宽 72cm

立领，大襟右衽，直身，接袖，左右开裾。面料为湖蓝色宁绸，纹样在以卍字不到头围成的圆形环内饰卍字和牡丹纹，寓意"富贵万年"。此宁绸织造细密，构图别致，花纹突出，是光绪年间丝绸。领缘、衣边二道装饰，外层为青色缎地绣牡丹、菊花、海棠、蝴蝶纹，内层为紫色花蝶纹绦边，青色缎缘边。铜纽扣五粒。本色缎绣折枝牡丹花蝶纹接袖。粉色素绸里衬。

红色暗花绸绣云鹤纹衬衣

- 民国　北京艺术博物馆藏

- 身长 143cm
  通袖长 124cm
  袖宽 22.5cm
  腰宽 52cm
  下摆宽 74cm

- 圆领，大襟右衽，无开裾，挽袖，袖长及肘。衣料为红色团荷暗花宁绸，领缘、衣边镶饰三道：湖蓝地三多纹花绦、石青缎绣云蝠团鹤纹宽边、青缎缘边。挽袖以本色缎绣皮球花云蝠纹装饰。无里衬。

青色缎绣花篮纹褂襕

清晚期　北京艺术博物馆藏

- 身长 136cm
- 肩宽 43cm
- 腰宽 71cm
- 下摆宽 99cm

圆领，大襟右衽，两侧开裾至腋下，开裾上端装饰向上的如意云头。面料为青色素缎，平针绣花篮、海棠花、莲花、茶花、牡丹等，花篮内饰菊花、莲花。花篮纹，是中国古代极富特色的传统吉祥纹样。传说每年农历三月二日王母寿辰，设蟠桃盛会，邀请麻姑同往赴会，故盛装鲜花的花篮常寓意吉祥、采花，百花、牡丹、芍药、海棠四仙子庆贺。此褂襕领口、衣襟及开裾处装饰与衣身同样面料彩绣花鸟纹图案，内层镶花绦，曲水纹织金缎缘边。蓝绸里衬。

029

马面裙

马面裙,又名马面褶裙;清代汉族女性通常穿着上衣下裳,"裳"这类服装被称为"马面裙"。马面裙前后共有四个裙门,两两重合,侧面打褶,中间裙门重合而成的光面,俗称"马面"。马面裙至少可上溯到元代,延续至民国。按形制特征分,马面裙分为阑干裙、百褶裙、鱼鳞裙、凤尾裙等。清代马面裙是采取由前向后围系。

- ### 镶蓝色缎边彩条凤尾式马面裙

  清晚期
  北京艺术博物馆藏
  腰围 53cm×2
  下摆宽 73cm×2
  通长 93cm

- 这是一件仿凤尾裙式样的马面裙。『凤尾裙』一词在清代乾隆时期开始有记载,见于《扬州画舫录》卷九,是乾隆初年扬州一种民间时装,『裙式以缎裁剪作条,每条绣花,两畔镶以金线,碎逗成裙,谓之凤尾。』它是由一条腰头,若干条相互分离的裙幅『凤尾』组成。由于凤尾裙不能完全遮体,其内搭配马面裙穿着。这件凤尾式马面裙,是将彩条相互固定,已无凤尾裙效果。此马面裙由黄、蓝、枣红、紫红、雪青、紫、柳绿等暗花绸拼接缝制,蓝色缎饰栏杆及边;三条绦边镶饰。土黄色布裙腰。

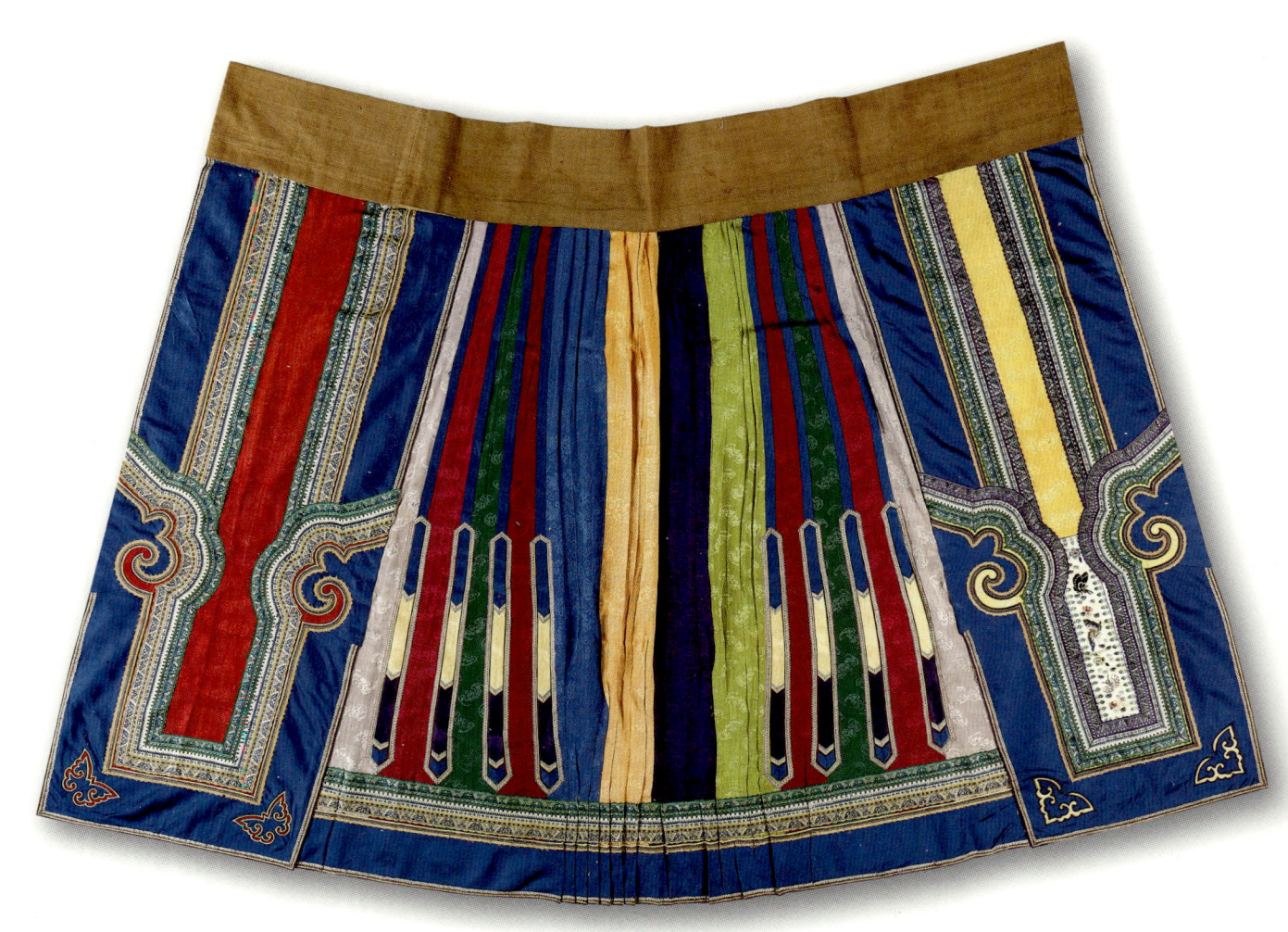

红色暗花纱彩绣博古插花阑干裙

- 清中期　北京艺术博物馆藏

  腰围 57cm×2
  下摆宽 112cm×2
  通长 99cm

红色暗花实地纱，裙门彩绣博古插花图，博古器皿有炉、瓶、罐、尊、盆，插花有菊花、海棠、灵芝、牡丹、水仙；另有宾花如意云、十字金刚杵。博古图寓意清雅高洁；十字金刚杵寓意智慧通达四方、趋吉避凶之意。博古图下绣海水江崖、牡丹纹；整体图案寓意四季平安。白棉布裙腰，腰际两侧打大褶，每褶皆以青色缎镶边，形成如同栏杆的形状。裙门及下摆边饰细花绦及石青缎三蓝绣蝶恋花宽边，青色缎缘边。褶皱处绣折枝花、海水江崖纹。前后马面背衬为月白色暗花绸。

蓝绿色缎五彩绣花卉纹阑干裙

- 清中期　北京艺术博物馆藏
- 腰围　58cm×2
  下摆宽　125cm×2
  通长　97cm

- 蓝绿色素缎地，裙门彩绣牡丹、玉兰、海棠、荷花、番莲、火珠、盘长、鲤鱼等吉祥纹样。月白棉布裙腰，腰际两侧打大褶，每褶皆以青色缎镶边，形成如同栏杆形状。裙门及下摆边饰细花绦及石青缎宽边，青色缎缘边。褶皱处绣折枝花蝶纹。背衬为土黄色绸，藏蓝色暗花绸缘边。

雪青暗花绸印花百褶裙

- 清晚期
- 北京艺术博物馆藏
- 腰围 59cm×2
  下摆宽 80cm×2
  通长 93cm

面料为雪青色暗花绸，暗花是由卍字连接的菱形格内饰树叶纹组成。平幅裙门，印花有蝙蝠、兰花、盘长、如意边。两侧各打细褶，并缝合，印蝴蝶、朵花。下摆栏杆内饰盘长、方胜、底边饰流苏。无背衬，衣线锁边。

浅藕荷色缎彩绣花鸟阑干裙

- 清晚期
- 北京艺术博物馆藏
- 腰围 52cm×2
  下摆宽 105cm×2
  通长 95cm

浅藕荷色缎地，裙门彩绣牡丹、仙鹤、稻穗、菊花、寿石、水波纹，寓意岁岁荣华、财源滚滚、鹤寿延年。腰际打褶处绣折枝花，接缝处无镶饰。花绦饰裙门边和底边。裙门背衬为浅藕荷色棉布腰头。裙门背衬为淡绿色绸，并缘底边。

彩条暗花绸凤尾式马面裙

- 清晚期　北京艺术博物馆藏
- 腰围 61cm×2
  下摆宽 100cm×2
  通长 94cm

裙门面料为枣红色云八宝纹暗花绸，边饰二道绿边、本色缎绣菊花、葫芦、兰花、荷花宽边，青色缎缘边。马面图案为人物亭台小景，饰平绣花边。两胁处彩条质地有：绿色万福皮球花纹暗花绸、粉色皮球花纹暗花绸、蓝色棋格纹暗花绸、黄色团花纹暗花绸、紫红色百蝠暗花绸、浅灰色曲水纹暗花绸等。青色缎缘底边，白色棉布腰头。裙门背衬为绿色素绸，并缘底边。

- 灰蓝色暗花纱墨绣花篮纹阑干裙

  清晚期
  北京艺术博物馆藏
  腰围 56cm×2
  下摆宽 120cm×2
  通长 98cm

  灰蓝色暗花实地纱，暗花纹为曲水蝴蝶梅花。门襟用墨色丝线平绣花篮，花篮内插月季花簇，并打籽绣牡丹装饰花篮。花篮寓意吉祥、庆贺。门襟边饰两道绦边和一道青地织银绸，青色缎缘边。两侧打大褶，每褶间镶栏杆边。裙褶下面墨绣梅花、菊花、牡丹、兰花、海棠、蝴蝶。下摆镶边与裙门边相同。

- 杏黄缎彩绣瓶花纹阑干裙

  清晚期
  北京艺术博物馆藏
  腰围 53cm×2
  下摆宽 104cm×2
  通长 90cm

  杏黄色素缎地，裙门彩绣花瓶、花盆、牡丹、菊花、兰花、玉兰、海棠、寿桃等，寓意『富贵平安』。边镶蓝色花绦、青色缎宽边，打大褶，每褶间镶青色缎栏杆边，褶间绣菊花、牡丹、蝴蝶等纹饰。下摆与门襟边饰相同。白色棉布腰头，月白绸里衬。

粉色绸盘金绣龙凤海水纹阑干裙

- 清晚期　北京艺术博物馆藏
- 腰围 60cm×2
  下摆宽 100cm×2
  通长 97cm
- 面料为粉色素绸，裙门盘金绣龙凤海水纹，花绦、蓝色素绸、绿色素绸镶大边。左胁裙镶10道蓝色绸栏杆，右胁裙镶9道蓝色绸栏杆。下摆镶边与门襟边相同。蓝色棉布腰头。门襟背衬为绿色素绸，与裙边互为一体。

红色提花缎绣花卉纹阑干裙

- 民国　北京艺术博物馆藏
- 腰围 55cm×2
  下摆宽 83cm×2
  通长 91cm
- 红色牡丹纹提花缎地，粉色印花裙腰，花绦镶嵌裙面，形成如同栏杆的形状。两幅裙门处平绣主体花卉为牡丹、水仙，寓意"先富贵"。另以皮球花散点构图绣各种吉祥花卉。紫红色绸背衬。

红绒地贴打籽绣博古图阑干裙

- 民国
- 北京艺术博物馆藏
- 腰围 60cm×2
- 下摆宽 136cm×2
- 通长 96cm

面料为红色天鹅绒，裙门襟贴三蓝打籽绣博古插花图。博古器物有香炉、鼎、花盆、罐、笔筒、书等，插花有牡丹、佛手、梅花、菊花等。边饰花缘和青色缎地盘金绣卍字卐朵花纹宽边。两侧打大褶，每褶间镶青色缎栏杆边。下摆边饰与门襟边饰相同。白色棉布腰头。月白色牡丹菊花蝴蝶纹暗花绸背衬。

水粉色暗花绸绣花蝶鱼鳞裙

- 民国
- 北京艺术博物馆藏
- 腰围 54cm×2
- 下摆宽 60cm×2
- 通长 97cm

鱼鳞裙是马面裙的一种，是在百褶裙的基础上发展而来的。由于百褶裙的细褶日久容易散乱，用细丝线将百褶交叉串联，若将其轻轻掰开，则如鱼鳞状而得名。这件鱼鳞裙是水粉色牡丹花纹暗花绸地，门襟彩绣牡丹花鸟纹，边镶两道，有盘绦、蓝色缎，蓝色缎上嵌一条细边。下摆与门襟边饰相同。白色棉布腰头。无背衬。

裤

裤，下体之服，是由胫衣发展而来，两股之间以裆相连。裤有合裆、不合裆之别。合裆裤即一般常见的裤子，样式很多。不合裆的裤称为"穷袴"，其形式是上达于股（大腿）、下覆于胫（小腿），两股之间加一片裆，但不缝合，用细带系覆。还有一种不合裆的裤子是套裤，其形制左右各一，穿着时罩在有裆裤外，上以绳带系结腰间，裤口处开衩，穿着时以带系结。

宝蓝花蝶皮球花闪缎裤

- 清晚期
  北京艺术博物馆藏
  裤长 104cm
  裤口宽 53cm
  上腿宽 37cm
  裤腿宽 53cm

- 此裤为斜裆，平裤口，裤腰为灰蓝色棉布。裤的面料为宝蓝色地粉红色皮球花、墩兰、蝴蝶纹闪缎，皮球花有三个皮球一组和两个皮球一组的组合，其中三个一组的皮球花内饰梅花、竹叶、菊花，两个一组的皮球花内饰牡丹、莲花。花纹寓意高洁贤达、富贵清廉。裤脚以粉色花绦镶边。无里衬。

藏蓝缎彩绣花卉纹套裤

- 清晚期　北京艺术博物馆藏
  裤长 77cm
  大腿宽 31cm
  裤腿宽 16cm

- 面料为藏蓝色缎，彩绣南瓜、蝴蝶纹样，寓意瓜瓞绵绵。套裤上端钉有系带，裤腿由青色缎镶宽边。蓝棉布里衬。

鞋

鞋，先秦称屦（jù），汉魏称履，唐代以后多称鞋。清代汉族妇女因缠足脚呈弓形，故其鞋称弓鞋。弓鞋式样有高筒弓鞋、低帮弓鞋、翘头弓鞋、平头弓鞋等；鞋面、鞋帮饰以刺绣、珠玉；鞋底有平底、弓形底、高跟。弓鞋底通常为木质，但在就寝时所穿的睡鞋是软底，以布纳底。满族女子不缠足，喜穿带有木制高底的旗鞋，这种旗鞋的鞋底俗称"花盆底"或"马蹄底"；满族老年女性则多穿平底旗鞋；鞋面覆以彩缎，或加各种刺绣装饰。

弓鞋

藕荷色暗花缎绣花蝶

民国
北京艺术博物馆藏
长 16.5cm
宽 4.8cm
高 6cm

面料为藕荷色暗花缎，彩绣莲花、水禽、蝴蝶；粗棉线纳青布底，青色缎缘边。内衬为蓝地粉色几何花卉纹印花布。

提跟儿

- 清晚期　北京艺术博物馆藏
- 直径 5cm
  高 7cm

弓鞋有两种构件，叶拔和鞋鼻。叶拔也称提跟儿，清代有的弓鞋的鞋跟与鞋底可以脱卸，需要时将鞋跟放进鞋底预定的位置。此提跟儿跟部青布彩绣花卉，帮部木红色素缎，蓝色棉布里衬。

野猪皮靰鞡

- 清　私人收藏品
- 长 30cm
  宽 13cm
  高 13cm

这是一双满族的靰鞡,又称『乌拉鞋』,男子穿用。靰鞡通常分两种,一种是无勒的,一种是带勒的。早期『乌拉』多为软底,以鹿、野猪皮缝制,连帮而成,帮上贯多个皮耳或皮绳以备系用。这件靰鞡无勒,鞋带为后配的麻绳。冬季穿用靰鞡时,内絮捶软的乌拉草,不仅防寒保温,而且轻便耐用。现在,『乌拉鞋』已经绝迹。

红缎地绣花鸟寿字纹旗鞋

- 清　北京艺术博物馆藏
- 长 24cm
  宽 10cm
  高 10cm

这双旗鞋以红缎为面，青缎镶边；鞋头贴绣如意云头及团寿纹纹样，鞋帮彩绣凤凰牡丹图案，蕴含长寿如意、富贵吉祥之意。

湖绿绢绣花卉纹弓鞋

- 清　北京艺术博物馆藏
- 长 16cm
  宽 4cm
  高 10cm

这双弓鞋以湖绿色绢为鞋面，上绣彩色花卉纹样，鞋口用青缎包边，并加彩绦装饰。配色淡雅，小巧精致。鞋为高底，鞋跟位于底的后部，穿着更显脚之细小纤瘦。

眉勒

紫色缎饰十二生肖眉勒

- 民国
- 北京艺术博物馆藏
- 纵 8cm
- 横 62cm

此眉勒为紫色缎地，卷云状形制。边饰三道，由内而外分别为几何形绦边、本色缎地绣边、片金线绲边。主体纹饰为开光内平绣十二生肖、锦上填花纹；锦上填花采用底层网绣，再绣双喜、朵花、盘长、瓦当纹。眉勒两端挖花贴绣蝙蝠，缀有系带。背衬为绿地折枝花纹棉布。

眉勒是一种首服，我国汉族妇女重要服饰品之一。古时称为頍(kuǐ)、半帻(zé)、抹额、勒子等，具有束发、固冠、装饰的功能。眉勒多以绒布、锦缎为材料，上施刺绣或镶嵌金银珠宝制成，里子多为棉平纹布或绒布。其制作工艺十分巧妙精良，外形结构、装饰及手工制作力求以巧为上。受汉族服饰文化影响，满族妇女亦有佩戴眉勒者。

汗巾

浅灰绿绉绸绣花卉纹汗巾

清晚期
北京艺术博物馆藏
长 294cm
宽 26cm

此汗巾呈长方形，面料为浅灰绿暗花绉绸，五彩丝线平绣花卉。绉绸地主体暗花为卍字曲水双联团花，两端分别由三组线饰栏杆，形成条状突起的装饰效果；栏杆外再以五彩丝线绣三团花，菱形网络编结，流苏饰边。整块汗巾设计感明显。刺绣部分采用了双面绣法，使汗巾无论从哪一面看都显示出平整统一的效果。

汗巾 汗巾为古人的随身之物，既可以挂于颈项用以拭汗，也可系于腰间做装饰，其形制有方形、长方形、三角形等。汗巾的使用历史十分久远，早期称为"帕"，先秦时期已经有了这一专用的纺织品名，它的特定含义是"手帕"，人们用它来擦汗洁面；后来亦有脸帕、手绢之称谓。

雪青色暗花绸绣瓦当纹汗巾

- 清晚期　北京艺术博物馆藏
- 长 85cm
- 宽 40cm

三角形汗巾，面料为雪青色卍字曲水纹暗花绸，黑色丝线双面平绣瓦当纹，边饰粉、绿、黄、蓝四色编结流苏。瓦当是古代中国建筑中覆盖建筑檐头筒瓦前端的遮挡，特指东汉和西汉时期，用以装饰美化和蔽护建筑物檐头的建筑附件。瓦当上刻有文字、图案。用『延年益寿』吉祥语言作文字瓦当，属于瓦当的吉语类，有长生祥和之意，此汗巾的瓦当图案设计优美，字体行云流水，极富变化。

云肩

云肩，又称披肩，起源于汉代妇女所穿戴的披帛，五代时，披肩常常被裁制成如意云头式，前后左右各饰一个云头，寓"四合如意"之义，故名云肩。在金代妇女服饰中，云肩为贵族命妇所披用，但不得绣日、月、龙纹。到了明代，云肩逐渐在普通妇女中普及开来，且流行柳叶式小云肩，成为女式礼服必不可少的装饰物。至清代，云肩已经非常普及。云肩不单纯是为了装饰，也有保护衣领的实用价值，是汉族妇女极具特色的服装配饰。

三色缎打籽绣花蝶纹四合如意式云肩

清晚期
北京艺术博物馆藏
直径 81cm

此云肩由三层组成，由内而外分别是：月白色素缎彩绣桃实、蝙蝠纹，镶橘红色花绦，青缎缘边；淡黄色素缎绣牡丹花蝶纹，镶蓝色花绦、青缎缘边；橘红色素缎绣织金绦、青缎缘边；橘红色素缎绣暗八仙纹，边饰与夹层相同。月白色暗花缎背衬。

本色缎画花蝶纹四合如意式云肩

- 清晚期　北京艺术博物馆藏
  直径 59cm

- 本色缎地，墨笔双勾蝴蝶、兰草、灵芝、茶花、莲花、菊花、梅花等，再施以红、黄、绿、粉、紫等色彩，设色清丽，简洁古雅。蝴蝶的翅膀、花瓣内饰方棋纹、曲水纹、锦纹、卷云纹，增强了图案的装饰意味。素绸背衬。

云肩

藏蓝缎绣桃实纹

- 清晚期　北京艺术博物馆藏
- 长 60cm
- 宽 42cm

面料为藏蓝色缎，形制由六片对称的如意头和一片大的如意头构成，彩绣主体纹饰蝙蝠、寿桃、双钱，寓意福寿双全。边缘由三层绦带装饰，由内向外分别是月白花绦、织金绦边、青色绦边。蓝绸背衬。

051

- 本色缎绣亭台花鸟纹葵花形云肩

  清晚期
  北京艺术博物馆藏
  直径 57cm

  此云肩由八片葵花形花瓣组成，蓝绿相间彩绦饰边；花瓣内挖花如意头，本色缎彩绣盆兰、树石、亭台、苍松、蕉叶、鸳鸯戏莲、梅花等，间饰蜜蜂、蝴蝶、飞鸟；内环彩绣牡丹花蝶纹，外嵌淡绿色花绦，粉色绫绲边，与如意头分隔。无背衬。

- 绫地绣折枝花柳叶式云肩

  清晚期
  北京艺术博物馆藏
  直径 59cm

  此云肩由两层各16枚柳叶式绣片装饰，内层绣片为紫色缎彩绣花叶纹，彩绦饰边，蓝缎缘边；外层绣片为本色缎彩绣花叶纹，彩绦饰边，蓝缎缘边。粉红绸背衬。

彩锦膝裤（一对）

清晚期
北京艺术博物馆藏
每件长 20.5cm
宽 14cm

膝裤 膝裤也称耦覆、膝衣、膝袜等，为缠足女子所穿的半袜，直筒无底，罩于裹脚布之外。早期的膝裤由膝盖覆至脚面，崇祯十年以后变得短小，仅至小腿。膝裤面上常饰以各种刺绣、花绦，既有装饰性，天冷时还可保暖。

此副膝裤由数道彩锦、暗花绸及花绦拼合而成，上下两端以青色缎缘边。整体明暗对比强烈，层次分明，繁而不乱，艳而不俗。

绑腿

绑腿，又称裹腿、绑腿带，是用来缠绑小腿的布带，长短、宽度不一，有的长到两米。绑腿用以缠裹在裤腿外面，便于运动和劳作，还能防止草丛荆棘擦伤腿部，起到比裤子还好的防护作用；冬季亦有防寒之功效。妇女们喜欢在绑腿上面织、绣各种精美图案，把它作为展示自己女红技艺的装饰品。

织长寿纹绑腿带（一对）

- 清晚期
  北京艺术博物馆藏
  每件长 104cm
  宽 5cm

- 此绑腿带以黑白带状为底纹，上织深粉色盘长、寿字纹，寓意长寿；织物本身的经线延伸出来至两端，形成流苏装饰。

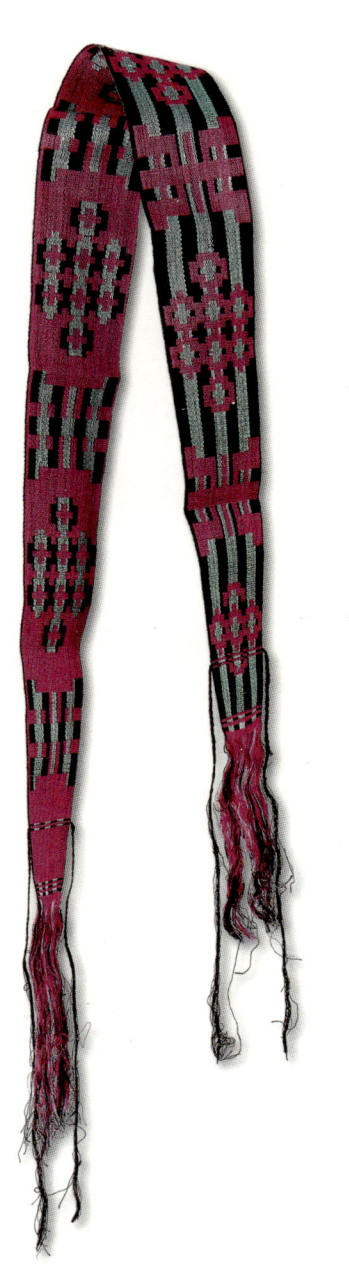 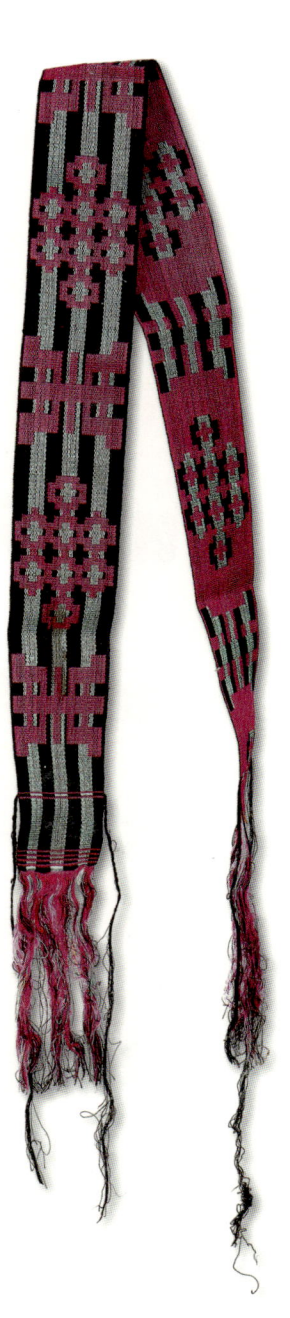

绛色缎织福寿三多纹绑腿带（一对）

- 清晚期　北京艺术博物馆藏
  每件长 55cm
  宽 5cm

- 绛色缎地织主体纹样桃子、石榴、蝙蝠、菊花，间以蓝色折枝花叶分隔。背衬为湖蓝色卍字曲水纹填花暗花绸。

腰带

宝蓝色寿字纹腰带

- 民国
  北京艺术博物馆藏
  长 210cm
  宽 4.5cm

- 此腰带纹样为几何形，主体色为宝蓝色，几何纹内织明黄色寿字纹；边为紫色长方形装饰。

腰带，是用来束腰的带子。中国早期的服装多不用纽扣，只在衣襟处缝上几根小带，用以系结，这种小带的名称叫"衿"。腰带分两类，一类以皮革为之，古称"鞶革"，或称"鞶带"；另一类以丝帛制成，古称"大带"，或称"丝绦"。清代，一般百姓，多在腰间束以湖色、白色、浅色的束带，称其腰带。其长结束下垂与袍齐，考究者也有在腰带上绣花纹，且用带环，环上嵌宝石、镀金银，以增美观。

- 淡绿色腰带

  民国
  北京艺术博物馆藏
  长 115cm
  宽 2cm

  此腰带由粗的淡绿色捻线编结，呈扁平状，两端编成装饰造型，流苏自然下垂。

- 紫红色腰带

  民国
  北京艺术博物馆藏
  长 580cm
  宽 8.2cm

  紫红色捻线平纹织腰带，两端以延长的经线垂流苏。

肚兜

肚兜是遮盖于胸前的贴身小衣，清代还称之缚肚、帕腹、袜腹和袜肚等，是汉族民间的主要内衣形式，男女老幼皆穿，一般做成菱形，也有下角裁成圆弧形、上边裁成浅凹状弧形等多种样式。通常以鲜艳的织物为之，上施彩绣，穿着时用带套于颈，旁边二带围系于腰，有单、夹之别，少数还纳有絮绵。

肚兜

红色提花绸绣仙人骑鹿

- 清晚期
  北京艺术博物馆藏
  长 43cm
  宽 49cm

- 此件肚兜形状为正方形，对角设计，上角裁去，成凹状浅半圆形，下角呈圆弧形。红色提花绸为地，中间绣仙人持杖骑鹿，拐杖上挂葫芦，并有仙鹤相随，寓意『福禄寿』。四角在黑绒地上挖花绣瓜、蝶、卷云纹，图案寓意瓜瓞绵绵。青布背衬。

传统西域服装

西域是人类古代文明的摇篮之一，文化艺术灿烂多姿。哈密地区出土的距今约三千年左右的皮大衣、格纹毛布，无不散发着浓郁的游牧文化气息。传统西域服装，以清代至民国初期哈密地区维吾尔族袷袢为代表性款式，亦择选同时期的汉族、满族上衣。按服装来源大致可分两类：其一为民间喜庆佳节之时所穿绣花服装，或为长袍式，或为斜襟短款式；其二为哈密回王宫廷服装，样式高贵，绣工精美。民间服装的刺绣纹样多为牡丹、莲花、菊花、芍药、石榴、梅、兰等花卉，回王宫廷服装绣有龙、仙鹤、蝙蝠、蝴蝶等纹饰。这些图案在中国传统文化中均有富贵吉祥的寓意。西域维吾尔族服装是在吸收中原服饰文化的基础上，依据自己的生活习俗、审美情趣，创造了具有本民族特色的服饰文化。

皮大衣、毛布

西汉武帝时派张骞两次出使，凿空西域，并经过此后不断的经营，基本打通了中国中原地区与中亚、西亚及欧洲的交通。中原的丝绸、印度的棉布输入西域，使西域服装呈现多元化，区域特色鲜明。

皮大衣

- 距今约 3000 年左右
- 哈密市博物馆藏

哈密市五堡古墓出土。通长121厘米。无领，窄袖，无袖口，但在腕部开有10厘米左右的椭圆形口，并缝毛皮护腕，将袖和手套合为一体；是冬季寒冷天气保暖御寒的理想服装。皮衣结合处用细皮条缝制，针脚细腻，工艺精湛；手感柔软，鞣制较好。这件皮衣说明了哈密先民当时的皮革加工工艺已达到了较高的水平。

彩色格纹毛布

- 距今约 3000 年左右
- 哈密市博物馆藏

哈密市五堡古墓出土，深褐色地以红、蓝、湖蓝、淡黄色毛线织出条格纹。这件毛布的组织结构为三枚右向斜纹组织，经纬毛线均加捻，每厘米经线 21 根、纬线 16 根。

裯

紫色暗花缎对襟棉箭袍

- 清 哈密市博物馆藏

  身长 125cm
  通袖长 163cm
  袖宽 18cm
  腰宽 61cm
  下摆宽 82cm

- 紫色折枝牡丹、花篮暗花缎面料，直领如意式对襟棉箭袍。前襟、左右开裾处做如意云头装饰。衣边缘三道镶饰，分别是朵花纹织金锦、石青缎绣梅兰竹鱼藻纹、团鹤花蝶纹绦子边。蓝色绸里衬。

红色提花缎对襟夹袍

- 清 哈密市博物馆藏

  身长 130cm
  通袖长 160cm
  袖宽 19cm
  腰宽 61cm
  下摆宽 85cm

  红色海棠花、莲花提花缎面料，直领如意式对襟夹袍；左右开裾。衣边三道镶饰，分别是淡绿色绦子边、石青缎绣百蝶菊花纹织金缎；驮领、袖边处饰石青缎绣梅兰鱼藻纹。粉红色绸里衬。

大红色荷花鸳鸯团暗花绸对襟夹袍

- 清 哈密市博物馆藏

  身长 130cm
  通袖长 152cm
  袖宽 15cm
  腰宽 60cm
  下摆宽 110cm

  大红色荷花鸳鸯团暗花绸面料，直领如意式对襟夹袍；开裾、左右开裾。胸襟处做如意头装饰。衣边三道镶饰，分别是蔬果花卉绦子边、石青缎绣牡丹梅花玉兰凤凰孔雀纹、曲水纹织金缎。蓝色绢里衬。

橘黄色团花纹暗花缎对襟夹袍

- 清　哈密市博物馆藏

  身长 107cm
  通袖长 147cm
  袖宽 17cm
  腰宽 60cm
  下摆宽 88cm

- 橘黄色团花纹暗花缎面料，直领如意式对襟夹袍，左右开裾。对襟、开裾处装饰如意云头。驮领、裾边以团窠朵花纹织金锦、绦子边装饰。紫色洋布里衬。

红色团双龙戏珠暗花缎对襟夹袍

- 清　哈密市博物馆藏

  身长 137cm
  通袖长 190cm
  袖宽 22cm
  腰宽 78cm
  下摆宽 100cm

- 红色团双龙戏珠暗花缎面料，直领如意式对襟夹袍；左右开裾。领边、裾边三道镶饰：淡绿色盘常纹绦子边、团窠纹织金银锦、石青缎缘边。蓝色绢里衬。

紫红色『福寿万年』暗花缎对襟夹袍

- 清　哈密市博物馆藏
  身长 121cm
  通袖长 136cm
  袖宽 15cm
  腰宽 55cm
  下摆宽 87cm

- 紫红色蝙蝠、团寿、卍字、如意暗花缎面料，图案寓意『福寿万年、万事如意』；形制为直领对襟夹袍，左右开裾。袖边、领边白色莲花纹绦子边、球形织金锦等装饰。绿色绢里衬。

蓝色折枝花提花缎对襟棉袍

- 清　哈密市博物馆藏

  身长　123cm
  通袖长　145cm
  袖宽　17cm
  腰宽　63cm
  下摆宽　100cm

- 蓝色折枝花提花缎面料，直领对襟棉袍，左右开裾。领边、袖边三道镶饰：花蝶纹绦子边、石青缎地绣蝴蝶梅花牡丹菊花纹织金缎。绛色洋布里衬。

紫红色福寿纹暗花缎对襟夹袍

- 清 哈密市博物馆藏
- 身长 150cm
  通袖长 122cm
  袖宽 15cm
  腰宽 57cm
  下摆宽 76cm
- 紫红色蝙蝠、团寿纹暗花缎面料，直领如意式对襟夹袍，左右开裾。领边、袖边三道镶饰：绦子边、石青缎地绣团鹤花卉纹、曲水纹织金缎；对襟处挖花如意云头，边缘缀细绦子边。蓝色绢里衬。

073

紫色素缎对襟棉袍

清 哈密市博物馆藏

身长 125cm
通袖长 153cm
袖宽 20cm
腰宽 65cm
下摆宽 80cm

紫色素缎面料，直领对襟棉袍，左右开裾。

领边、袖边三道镶饰：本色地花卉纹绦子边、石青缎绣梅竹牡丹花蝶纹、冰梅纹织金缎。印花洋布里衬。

上

紫色丝绒夹袄

- 清 哈密市博物馆藏

  身长 57cm
  通袖长 134cm
  袖宽 18cm
  腰宽 52cm
  下摆宽 57cm

  紫色丝绒面料，圆领、右衽、左右开裾，夹袄。领边、襟边三道镶饰：淡绿色花蝶纹绦子边、串枝花织金锦、红地古币纹织金锦。深绿色缎里衬。

红色地黄折枝花两色段夹袄

- 清 哈密市博物馆藏

  身长 55cm
  通袖长 135cm
  袖宽 15cm
  腰宽 49cm
  下摆宽 55cm

  红色地黄折枝花两色段面料，圆领、右衽、左右开裾，夹袄。领边、襟边三道镶饰：湖蓝色花蝶纹绦子边、石青缎地绣梅兰竹菊蝴蝶孔雀凤凰纹、菊花织金缎；袖边三道镶饰：紫色团寿花蝶凤凰孔雀纹绦子边、石青缎地绣牡丹梅花纹、菊花纹织金缎。夹红色洋布里衬。

- 粉色暗花缎夹马褂

  粉色折枝花暗花缎面料，圆领、右衽、四开裾，开裾处如意云头挖花装饰。衣边饰绿色牡丹纹绦子边、石青缎地绣松鹤花草纹。蓝色洋布里衬。

  清 哈密市博物馆藏
  身长 59cm
  通袖长 145cm
  袖宽 16cm
  腰宽 55cm
  下摆宽 59cm

- 红色暗花缎夹袄

  红色折枝花暗花缎面料，立领、右衽、左右开裾，夹袄；衣边两道镶饰：青缎地牡丹荷花菊花梅花蝴蝶纹绦子边、石青缎绣盘长花草纹。青色印花绢里衬。

  清 哈密市博物馆藏
  身长 64cm
  通袖长 152cm
  袖宽 15cm
  腰宽 53cm
  下摆宽 63cm

蓝色漳缎琵琶襟夹马褂

- 清　哈密市博物馆藏

  身长 53cm
  通袖长 143cm
  袖宽 15cm
  腰宽 49cm
  下摆宽 59cm

- 蓝色地青色折枝花漳缎面料，立领、琵琶襟、四开裾，夹马褂。衣边三道镶饰：淡黄色绣花卉纹绦子边、石青缎绣牡丹凤凰仙鹤纹、菊花纹织金缎边。粉色绢里衬。

柳绿色暗花绸琵琶襟夹坎肩

- 清 哈密市博物馆藏

  身长 61cm
  肩宽 40cm
  腰宽 54cm
  下摆宽 63cm

- 柳绿色暗花绸面料，立领、琵琶襟、四开裾，夹坎肩。前后开裾处装饰如意云头。衣边两道镶饰：月白晕色绦子边，石青缎地绣花蝶纹，石青缎缘边。粉色缎里衬。

紫红色缎夹坎肩

- 清 哈密市博物馆藏

  身长 59cm
  肩宽 39cm
  腰宽 55cm
  下摆宽 64cm

- 紫红色折枝花暗花缎面料，圆领、右衽、左右开裾，夹坎肩。衣边两道镶饰：淡黄色百蝶纹绦边、石青缎绣百蝶花草纹，石青缎缘边。红色绢里衬。

蓝色暗花绸
琵琶襟夹坎肩

清　哈密市博物馆藏

身长 54cm
肩宽 34cm
腰宽 48cm
下摆宽 56cm

蓝色暗花绸面料，圆领、琵琶襟、四开裾，夹坎肩。衣边四道镶饰：盘绦边、粉色串枝竹菊纹花绦、工字几何纹织金缎、盘绦带缘边。粉色绢里衬。

红色缎绣福寿纹琵琶襟夹坎肩

- 清　哈密市博物馆藏
- 身长 55cm
  肩宽 34cm
  腰宽 47cm
  下摆宽 56cm
- 红色缎面料，彩绣石榴、佛手、寿桃，立领、琵琶襟、三开裾。边三道镶饰：钉龙抱柱线、黑绒地金线绣桃花荷花、黄地团窠纹织锦。枣红色绢里衬。

帽、袜 新疆维吾尔人无论男女都戴花帽,维语称它为"多帕"。花帽面料一般为各色平绒,以黑色居多。形制多为圆口、圆顶,顶较扁平。维吾尔妇女的绣花布袜,形制为高勒,以多层棉布黏合,面层为黑色或深色绒料,绣花袜袜勒长至膝部。

● 银饰铃铛花帽
清 哈密市博物馆藏

- 黑绒地钉金绣花蝶纹花帽
- 清　哈密市博物馆藏

- 红地织金锦花帽
- 清　哈密市博物馆藏

雪青色缎绣花蝶纹女袜
· 清　哈密市博物馆藏

黑色灯芯绒绣花卉纹女袜
· 清　哈密市博物馆藏

积厚流广——从清代满族、维吾尔族女性马甲看京城西域文化的融合

北京艺术博物馆 孙秋霞

摘要

在我国五千年灿烂的服饰史中，我们可以看到汉始至今，马甲从内衣到外衣，从少数民族服饰到流行服饰的演变，其形制虽然简单，但却实用、舒适、美观；马甲经千年的历史文化的积累和交融的洗礼，流传至今，历久弥新。

关键词 马甲 比甲 文化交融 吉祥寓意

服装是人类生存的基本物质条件之一，是人类重要的物质文化载体，是我国优秀的传统文化的重要组成部分。因而我国素有"衣冠上国、礼仪之邦"之称。而马甲作为一种兼具实用性、适用性和装饰性的服装，在服饰文化中占有重要的地位。

哈密地处新疆的"东大门"，是古代陆上丝绸之路的必经之地。其服饰是哈密维吾尔文化与中原文化交流的有力见证。在北京艺术博物馆与哈密市博物馆联合举办的"锦衣罗裙——京城西域传统服装联合展"中，充分体现了服装是多民族文化交融的产物。本文以马甲作为研究对象，分析汉族、满族、维吾尔族马甲所体现出来的文化交融后的共通点。

马甲也称"背心""坎肩"，维吾尔语称为"吉利提卡"，最大的特征就是无袖的短上衣。关于马甲在《清稗类钞·服饰》中说："半臂，即今日之坎肩，又名背心。"另外《清稗类钞》中又说："半臂汉时名绣䄡，即今之坎肩也，又名背心。"可见，马甲在汉代时候被称作"䄡（jié）"。周锡保在《中国古代服饰史》中描述，背心，或叫"马甲"，也叫作"半臂"，做得短小，长度到腰际。《中国服饰史》则将其定义为："坎肩又名紧身、搭护、背心、马甲，为无袖的短上衣。一般为无袖上衣，多穿在氅衣、衬衣、袍服的外面。"由此可以看出马甲的发展源流十分悠久。

一 坎肩的起源

在春秋战国时期"礼崩乐坏"，社会走向激烈变革。在这一背景下赵武灵王提出了"胡服骑射"，即军队服装采用北方游牧民族的服饰，穿短装，束皮带等练习单兵骑马作战。北方少数民族服饰由此开始影响中原的服饰。裲裆是当时少数民族服饰中的一种无袖紧身上衣。据汉刘熙《释名·释衣服》里记载，其形式为"其一当胸，其一当背，因以名之也"。清王先谦在《释名梳证补》中说："今俗谓之背心，当背当心，亦两当之义也。"

魏晋南北朝时期，南北文化碰撞、交流和融合，在服饰发展演变上留下来明显的痕迹。《中国服饰史（黄能馥 陈娟娟著）》中写道：魏晋南北朝时期裲裆是北方少数民族的服饰，其最初是由军戎服饰中的裲裆甲演变而来。这种衣服没有衣袖，只有前后两片衣襟，在肩或腋下用丝绦或纽襻系之，穿脱十分方便，因而为普通大众所接受。妇女开始穿这种裲裆是多穿着在里面，魏晋后逐渐外穿。《玉台新咏·吴歌》中就有"新衫绣裲裆，连置罗裙里"之句，说明裲裆在从北向南传播的过程中，妇女曾经把它当内衣穿着。到了《晋书·舆服志》里，"元康末，妇

1　　　　　　2　　　　　　3

人衣裲裆，加于衣领之上"，说明此时妇女把裲裆穿在交领衣衫的外面了。在东晋干宝的《搜神记》中记载了一则钟繇斩鬼的故事，故事里的"妇鬼""形体如生人，着白练衫，丹绣裲裆"，这虽然是一部文学作品中的故事，但艺术源于生活，这正说明了当时的妇女普遍穿着裲裆，并且还是外穿的。从"丹绣"和前文的"绣裲裆"中也不难发现妇女穿用的裲裆还有精致的彩绣。

裲裆甲（图片来自《中国古代服饰史》周锡保）(图1)

到了唐代，《新唐书·舆服志》载，"裲裆之制，一当胸，一当背，短袖覆膊"。说明到了唐代裲裆有了到肘部的短袖，也就是半臂。《中华古今注》云："隋大业末，炀帝宫人、百官母妻等，绯罗蹙金凤背子，以为朝服及礼见宾客舅姑之长服也。"又云："尚书右仆射马周上疏云：臣请中单加半臂以为得礼，其武官等诸服长衫，以别文武。诏从之。"

穿半臂的女俑·唐代（图片来源：《中华历代服饰艺术》）(图2、3)

到了宋代，这种背心就已经十分流行了，无论男女尊卑都喜欢穿着。在《北狩见闻录》中："是晚下程，徽庙出御衣衣衬一领。"自注："俗呼背心。"在《清明上河图》《耕织图》里都有穿着背心的各个阶层的人物形象。《西湖老人繁胜录》中记载："街市扑蒲合，生绢背心、黄草布衫、苎布背心。""扑卖摩侯罗，多着乾红背心，系青纱裙儿。"可见宋代这种背心已经十分普遍。自宋以后，这种背心还有很多其他的名字，如：比甲、搭护或答忽、绰子、坎肩、搭背、紧身等。

背心·宋代（宋）张择端《清明上河图》(图4)

"比甲"为一种对襟、无袖，左右两侧开衩，长度及膝的背心。在《万历野获编》中说："元世祖后察必宏吉剌氏，创制一衣。前有裳无衽，后长倍于前，亦无领袖，缀以两襻，名曰比甲。……流传至今，而北方妇女尤尚之，以为日常用服。"《元史》中也记载："又制一衣，前有裳无衽，后长倍于前，亦去领袖，缀以两襻，名曰'比甲'，以便弓马，时皆仿之。"比甲到了明代深受妇女喜欢，无论身份尊卑都有穿比甲的习惯。《西游记》第二十三回："（妇人）穿一件织金官绿纻丝袄，上罩着浅红比甲；系一条结彩鹅黄锦绣裙，下映着高底花鞋。"《聊斋志异·胡大姑》："视之，不甚修长；衣绛红，外袭雪花比甲。"何垠注："比甲，半臂也，俗呼背心。"说明比甲与半臂有一定的渊源。

到了清代无论满汉都穿这种背心，并加以不断革新，马甲就是在此基础上加工改制而成。

4　　　　　　　　　　5

　　清代的马甲裁制时多采用曲线，下摆底线也有一定的弯势，最富于变化的是衣襟，除了传统的对襟、大襟外，还有琵琶襟、一字襟等。《红楼梦》中描写宝蟾时写道："（宝蟾）拢着头发，掩着怀，穿了件片金边琵琶襟小紧身……"此时的马甲兼具保暖和使手肘活动方便的实用性，同时又具有很强的装饰效果。清代的马甲通常在衣服的边缘装饰有各种花纹、宽窄、颜色图案的绲边，有的马甲还用这些花绦在胸前盘成一个如意头，甚至使衣服出现了三分地七分绦的现象。

　　青色缎绣花篮纹裲裆·清晚期　北京艺术博物馆藏（图5）

二　马甲在历史发展历程中，是男女均穿用的一款服饰。

　　古代中国以"礼"治国的社会，而与生活息息相关的衣冠服饰也就成为古代礼仪、等级制度的重要内容之一。"中国有礼仪之大，故称夏；有章服之美，谓之华。"（《左传·定公十年》）从上古时代的"皇帝垂衣裳而治天下"开始，服饰也就具有了区分贵贱、标明身份等级的一种工具。

　　在古代中国社会中的广大妇女一直受到封建礼教的禁锢，笑不能露齿，站不能倚门，穿着打扮更是有着严格的规范，因此在通常情况下男女服饰有着很大区别。但是裲裆、背心出现以后，由于其兼具保暖性和实用性，且美观大方，具有很强的装饰性，因而无论尊卑男女均喜欢穿着。

　　南朝梁王筠在《行路难》中提到："犹忆去时腰大小，不知今日身短长。裲裆双心共一袜，袙复两边作八撮。襻带虽安不忍缝，开孔裁穿犹未达。胸前却月两相连，本照君心不照天。"描写了一位妇人为丈夫做"裲裆"时，对常年在外的丈夫的相思之情。《晋书·舆服志》中说"妇人衣裲裆，加于衣领之上"，也说明裲裆已成为男女都可以穿用的常见服饰。

　　到了宋代，褙子、背心、半袖形制差不多，也是男女都穿。但一般男子多用作休闲时的便服，而女子还可以作为一般日常礼服穿用。比甲是宋代出现的一种无袖的罩衣，比马甲要长。到了明代，在年轻妇女中十分流行，一般长至臀部或至膝盖处，有更长一些的离地不到一尺。《金瓶梅》第二十九回说道："（春梅）头戴银丝云髻儿，白线挑衫儿，桃红裙子，蓝纱比甲儿。"明代还有一种罩甲，为男子所穿戴。

　　明代有罩甲，在明人刘若愚的《酌中志·内臣佩服纪略》载，"罩甲，穿窄袖戎衣之上，加此束小带，皆戎服也"。李诩的《戒庵漫笔》中亦云："罩甲之制，比甲稍长，比袄减短，正德间创自武宗，近日士大夫有服者。"

6　　　　　　　　　　　7　　　　　　　　　　　8

罩甲的形制也是对襟无袖的与比甲类似的男装，并且这种罩甲从戎装到常装，与马甲、坎肩的发展有着密切联系，只是在不同历史阶段穿着的人的地位有所不同而已。

到了清代，无论男女都喜欢穿长袍。清统一全国以后，马甲这种无袖短款、穿在长袍之外的衣物，因其保暖、灵活的特点而发展得越来越成熟。清代马甲男女款式差不多，有立领或圆领、对襟、缺襟等差别不大，女子马甲在装饰、色彩、图案方面更加靓丽。

缺襟马甲（男款）北京艺术博物馆藏（图6）

缺襟马甲（女款）北京艺术博物馆藏（图7）

三　清代京城、哈密地区两地马甲基本款识

清代马甲款式简洁大方，除功能性强以外，马甲的装饰性也十分突出，女式马甲在裁剪方面比男款马甲更加包身，能够显现出适度的腰身曲线。李渔在其《闲情偶寄》中提及出嫁的妇人无论陪嫁怎样丰厚，其中必不可少的两件物品"一曰半臂，俗呼'背褡'者是也；一曰束腰之带……"，李渔认为"妇人之体，宜窄不宜宽，一着背褡，则宽者窄，而窄者愈显其窄矣"，而"半臂"，即马甲，呈现出端庄典雅的淑女风范，在色彩和装饰方面明显区别于男子马甲。

清代马甲的门襟也别有一番风韵。襟指的是衣服的开合之处。《尔雅·释器》："衣眦谓之襟"，即指衣服开启处。门襟除了穿脱方便外，在视觉审美方面起到分割作用。清代京城与哈密地区的女子马甲的门襟样式差不多，基本有以下几种：

1　对襟马甲

两襟相对，纽扣在胸前正中的一种襟式。对襟马甲的襟线在人体正中线的位置，左右对称，穿着方便。这种门襟方式在男女马甲中是通用的。

粉色花蝶纹暗花缎对襟坎肩·清晚期 北京艺术博物馆藏（图8）

2　大襟马甲

大襟为右衽开襟，衣襟从领下往右腋下开。大襟上的纽襻分布一般分为三组，第一组在领口，第二组在斜襟上，第三组在侧襟。

9　　　　　　　10　　　　　　　11　　　　　　　12　　　　　　　13　　　　　　　14

藏蓝缎绣墩兰纹褂襕·清晚期 北京艺术博物馆藏（图9）

❧ 褂襕其实就是大坎肩，这是清代后妃春秋季节穿着在衬衣外面的便服。为圆领、大襟右衽，无袖，身长及踝，左右开裾，直身式。

3　琵琶襟马甲

❧ 又叫缺襟马甲，形制与大襟相似，唯一的区别是右襟下部短缺，整个衣襟线条由于半个琵琶抱于胸前而得名。李斗在《扬州画舫录》说："……每着蓝藕布衫，反细钩边，缺其衽，谓之琵琶衿。"

❧ 琵琶襟服装与大襟式服装的差异在于其右襟的边没有到腋下位置，而是从齐肩的位置直接向下，然后横向裁剪至中线位置，从而形成右下衣襟短缺的造型。

红色缎绣福寿纹琵琶襟夹坎肩·清代 哈密市博物馆藏（图10）

粉色暗花缎琵琶襟夹坎肩·清代 哈密市博物馆藏（图11）

4　一字襟马甲

❧ 一字襟是坎肩仅有的一种襟形，形如一字而得名，多在胸前横行一排纽扣，男女皆可穿用。一字襟的马甲起初只有王、公主和朝廷要员穿用，所以又称为"巴图鲁坎肩"或"十三太保"、"军机坎"。

枣红色暗花绉绸棉坎肩·清中期 北京艺术博物馆藏（图12）

红绒地铺绒盘金绣一字男坎肩·清晚期 北京艺术博物馆藏（图13）

❧ 还有一种人字襟马甲，与一字襟马甲相类似，领口下缘左右略向下裁开，衣襟呈"人"字形。

人字襟儿童马甲 北京艺术博物馆藏（图14）

四　马甲常用吉祥图案

到了清代马甲发展日趋成熟，材质也有皮毛、暗花缎、绸、布、绒等材质。随着气候的变化，冬季马甲可用皮毛或夹棉来缝制。为了突出马甲的装饰性，清代女子马甲在领口、衣襟、袖口等处镶花绦，这布料与花绦的花式繁多，纹饰丰富，色彩斑斓。这些纹饰大致可以分为花卉图案、人物图案、瑞兽图案、虫鱼图案、风景图案、博古器物图案等。

15　　　17　　　　　　19　　　　　20　　　　　21　　　　　　22　　　　　　23
16　　　18　　　　　　　　　　　　　　　　　　　　　　　　　　　　　　　　24

1　花卉图案

- 清代女子马甲上的装饰花卉图案大都比较具象，但是这些花卉也都具有各种吉祥寓意。如牡丹花一向具有雍容、富贵的含义；海棠的"棠"与"堂"谐音，因此海棠与玉兰、桂花、牡丹等相配即寓意"富贵满堂"、"玉堂富贵"；菊花可以酿菊花酒，据说经常饮用可以增寿，因而菊花被附为长寿之意；兰花是"花中君子"象征品质高洁；此外还有芙蓉、梨花、鸡冠花、绣球、水仙、月季、梅花……

- 当然，花卉图案的大量使用也因为"美人颜色娇如花""美人一何丽，颜若芙蓉花"。美人走路也是"美人娇步踏花行"，即使美人心情不好也是"玉容寂寞泪阑干，梨花一枝春带雨"。花一样的女子穿的衣服也满饰花卉，真是美人如花惹人醉呀！

菊花纹（图15）

牡丹花图案（图16）

水仙花图案（图17）

富贵满堂图案（牡丹、三兰、海棠组合）（图18）

捷报富贵图案（牡丹、蝴蝶组合）（图19）

平安富贵图案（牡丹、花瓶组合）（图20）

花博古图案（图21）

- 博古图通常包含了花瓶、书籍、觚等瓷质、铜质、玉质等各种古器物的图案，在博古图的器物中有各种花卉、瓜果作为点缀的就是花博古图案，通常寓意清雅高洁。

2　动物、瑞兽纹样

- 在清代京城和哈密地区的女性服饰中，动物瑞兽纹样也很多。龙、凤图案寓意自然是龙凤呈祥，麒麟是仅次于龙的吉祥动物，女子使用此图案多为求子，在男子官员的补服中麒麟是一品武官才能使用的。仙鹤和蝴蝶则寓意长寿，鹦鹉有爱情的寓意在其中，此外还有生肖图案，以求平安吉祥，驱邪避凶。

龙凤呈祥图案（图22）

凤纹图案（图23）

仙鹤图案（图24）

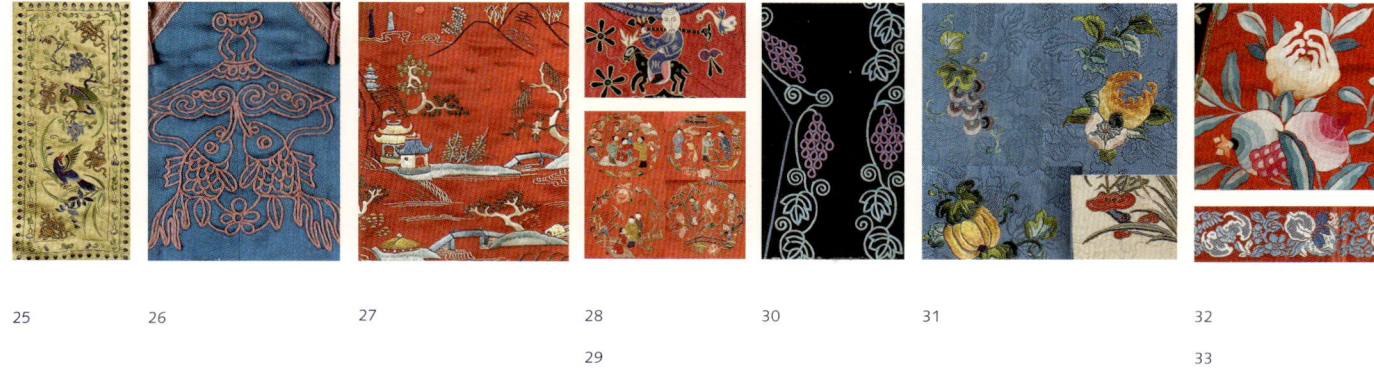

25　26　27　28　30　31　32
　　　　　　　29　　　　　　33

鹦鹉和暗八仙图案（图25）

吉庆有余图案（图26）

3　清代女子服饰上的风景和人物图案

☙ 清代女子服饰上还饰有风景和人物图案。在下图的风景图案表现了亭台楼阁、小桥流水的郊区风光。人物图案除了八仙、婴戏图外，表现戏剧故事的图案也十分盛行。

风景图案（图27）

仙人骑鹿图案（图28）

戏剧人物故事纹图案（图29）

4　瓜果图案

☙ 瓜果纹图案始自唐代，构图方法多样且灵活，可以组合出现也可以单独表现，一般有石榴、荔枝、葡萄、枇杷、桃、佛手瓜、南瓜……

葡萄图案（图30）

佛手、葡萄、南瓜、灵芝图案（图31）

福寿三多图案（佛手、石榴、桃子组合）（图32）

福寿延绵、富贵多福图案（蝙蝠、石榴、牡丹组合）（图33）

☙ 在清代京城和哈密地区女子的马甲服饰上还有很多图案，这些图案无论瓜果、瑞兽，还是鲜花、博古无一不有着吉祥的寓意，可谓是"图必有意，意必吉祥"，这也是当时人们追求吉祥的吉祥文化的体现。

　　我国幅员辽阔，服饰文化源远流长。在我国各族人们的服装中均反映了当时的社会发展状况、人们的精神价值追求及思想文化底蕴。郭沫若曾言"衣裳是文化的表征，衣裳是思想的形象"。马甲源自北方少数民族服饰，从战国"胡服骑射"到南北朝民族大融合，从隋唐的包容并蓄到明、清两代，马甲集中体现了民族文化积累与交融，并不断发展。时至今日马甲也是"传统"与"现代"的完美结合，在热播影视剧中也得以完美体现。

参考文献

1
黄能馥、陈娟娟：《中国历代服饰艺术》，中国旅游出版社，1999年版。
2
宗凤英：《清代宫廷服饰》，紫禁城出版社，2004年版。
3
周锡保：《中国古代服饰史》，中国戏剧出版社，1986年版。
4
黄能馥、陈娟娟：《中国服饰史》，上海人民出版社，2014年版。

摘要

裙装是清代女子服饰的重要组成部分，其名目繁多，花样变新，蔚为清代服饰之大观。本文综合史籍文献和传世实物，围绕样式、色彩、装饰三个方面对清代女裙展开分析和讨论。在样式上，清代女裙以两片式带有裙门的马面裙形制为基础，演化出各种不同的新的款式。在色彩上，清代女裙用色广泛，在不同时期随着人们对服色的不同喜好而各有侧重，讲究各种色彩相互搭配时的协调。在装饰上，清代女裙集织绣工艺之大成，充分运用织花、刺绣、印花、镶滚等技艺，以外裙门上的装饰图案和外裙门周围及裙底摆的镶边为主要表现，显示出成熟而完善的装饰形式。

关键词 清代 女裙 样式 色彩 装饰

北京艺术博物馆 刘远洋

清代女裙探微

清朝建立之初，为了加强统治，强制推行服制变革。女服方面实行满汉分制，满族女子通常穿着上下一体的长袍，汉族女子则基本承袭明制，服装分为上、下两部分，上衣有衫、袄等，下装为长裙或裤。女裙在这一时期获得了全新发展，其名目繁多，花样变新，蔚为清代服饰之大观。

一 清代女裙的样式

据传世实物来看，清代女裙的形制大同小异，其基本结构由两片相同的裙幅组成，每片裙幅的左右两侧各有一条长方形裙门，右侧裙门稍宽，通常以锦缎绣边沿周围镶饰，并在下半部分织绣各式花纹图案，用作外裙门；左侧裙门较窄，仅在下摆处作少量装饰，用作内裙门。两片裙幅可以为分别独立的个体，各自上有裙腰，再通过腰头上的布襻和布纽相连接，使其中一片裙幅的外裙门与另一片的内裙门相叠合；而更多的则是先将两裙幅的一组内外裙门叠合，再以一条裙腰固结为一个整体（见右图）。围系穿着时，裙幅相接处也保持外裙门与内裙门交叠的状态，在裙腰位置利用腰带或襻扣固定，使两片带有装饰的外裙门分别垂悬于身体的一前一后，均显露于外。两片外裙门在装饰的方式、图案、色彩等方面通常都保持一致，除美化服装以外，还能起到修饰体形、平衡重心的作用，俗称"马面"，因此这种裙式一般被称为马面裙。

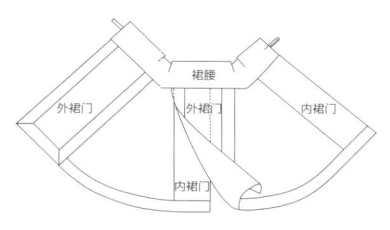

以马面裙这一基本形制为基础，清代女裙又在局部加以发展变化，主要表现为对两裙门之间腰侧部位裙幅所进行的形式上的调整，由此演化出各种不同的新的款式，归结起来，大致可以分为百褶和襕干两种形式。

百褶裙是在马面裙的腰侧部位折以细密的褶裥，各褶宽窄相同，按顺序由两侧向中间整齐排列，褶数少则几十，多可过百。李渔在《闲情偶寄》中对此种褶裙大加赞美，称"裙制之精粗，惟视折纹之多寡。折多则行走自如，无缠身碍足之患……折多则湘纹易动，无风亦似飘飖……近日吴门所尚百裥裙，可谓尽美。"[1] 李斗的《扬州画舫录》也记载，乾隆年间女裙有"以整缎折以细缝，谓之百折；其二十四折者为玉裙"[2]。而为了使褶裥

---

[1] （清）李渔：《闲情偶寄》卷三，中华书局，2007年，第171页。

[2] （清）李斗：《扬州画舫录》卷九，中华书局，1980年，第195页。

1　2　3　4

保持原状，避免散开走形，裙褶部位又被加以强化固定，采用与裙料同色的丝线每隔一定间距将褶裥相互交错钉合，衍生出成多种的变化形式。这种裙装在穿着行动时，褶裥会随着裙幅的张合变化显现出形似鱼鳞的效果，因此称为鱼鳞百褶裙（图1）。同治年间，这一裙式甚为流行，时人李静山在《增补都门杂咏》诗中有云："凤尾如何久不闻？皮绵单袷费纷纭。而今无论何时节，都着鱼鳞百褶裙。"[1] 可见其受欢迎的程度。

襕干裙又作阑干裙，是以数道深色细长襕条在马面裙的腰侧部位间隔排列进行镶饰，将裙幅分隔为纵向的多块，形如栏杆而得名（图2）。襕干裙的腰侧有时也会打以大褶，襕条顺褶边沿镶而下，其材质和颜色通常与裙门周围及下摆处的边饰相一致，彼此搭配呼应，使裙身的整体线条更加清晰流畅。

除了上述几种裙式外，清代还有一种特殊样式的女裙，即前文李静山诗中提到的"凤尾"裙。关于这种裙式，李斗在《扬州画舫录》中也有记载："以缎裁剪作条，每条绣花两畔，镶以金线，碎逗成裙，谓之凤尾。"[2] 从描述来看，凤尾裙应是由若干细长的装饰条带拼缀而成，裙幅并非连续的面料，不足以蔽体，因此不能单独穿着，需要与其他裙装搭配使用，作为一种附属的装饰。传世实物所见，凤尾裙通常与马面裙相结合，凤尾条带直接并入裙腰，与马面裙融合为一个整体。这种裙式在凤尾的处理上主要有两种方式，一种是在裙幅上将凤尾条带排布好位置，一般集中在腰侧部位，有时前后裙门处也会加饰两条较宽的凤尾，再随裙幅一同装入裙腰固定。穿着时，凤尾随行亦动，飘逸四散，十分富于动感（图3）。另一种是将凤尾条带由上到下整个钉缝在裙幅上，在形式上与襕干裙类似，只是凤尾条带末端多裁为尖角，且带有刺绣、绦边等装饰，视觉效果更加丰满华丽（图4）。

二　清代女裙的色彩

清代染色工艺已发展得十分完备，染色色谱极为丰富。《扬州画舫录》中记载当时染房染色，红有淮安红、桃红、银红、靠红、粉红、肉红，紫有大紫、玫瑰紫、茄花紫，白有漂白、月白，黄有嫩黄、杏黄、丹黄、鹅黄，青有红青、鸦青、金青、元青、合青、虾青、沔阳青、佛头青、太师青、小缸青，绿有官绿、油绿、葡萄绿、苹

---

[1]（清）李静：《清代北京竹枝词》，北京古籍出版社，1982年，第99页。

[2]（清）李斗：《扬州画舫录》卷九，中华书局，1980年，第195页。

婆绿、葱根绿、鹦哥绿，蓝有潮蓝、睢蓝、翠蓝、雀头三蓝，黄黑色有茶褐，深黄赤色有驼茸，深青紫色曰古铜，紫黑色曰火薰，白绿色曰余白，浅红白色曰出炉银，浅黄白色曰蜜合，深紫绿色曰藕合，红多黑少曰红棕，黑多红少曰黑棕（二者皆紫类），紫绿色曰枯灰，浅者曰砆墨。此外如茄花、兰花、栗色、绒色，其类不一。

以先进的染色技术为支撑，清代女裙在色彩的选择上十分宽泛，红绿蓝紫，各凭所好。除去装饰纹样中多样化的色彩构成外，清代女裙的色彩主要体现在裙腰和裙幅的面料上。由大量的女裙实物来看，裙腰多由棉布制成，应是考虑腰头部分频繁围系易磨损，而棉质更为耐磨的特性。其颜色以白色最为多见，按照传统说法，具有"白头偕老"的美好含义。其他也有如蓝、红、黑等诸色，各随所用，并无定规。至于裙幅，常见以一色面料为多，在不同时期，其色彩随着人们对服色的不同喜好而各有侧重。如李渔记载明末清初"大家富室，衣色皆尚青是已。（青非青也，元也。因避讳，故易之。）记予儿时所见，女子之少者，尚银红桃红，稍长者尚月白，未几而银红桃红皆变大红，月白变蓝，再变则大红变紫，蓝变石青。迨鼎革以后，则石青与紫皆罕见，无论少长男妇，皆衣青矣。"[1] 李斗《扬州画舫录》亦云："扬郡着衣，尚为新样。十数年前，缎用八团，后变为大洋莲、拱壁兰。颜色在前尚三蓝、砆墨、库灰、泥金黄，近用膏粱红、樱桃红，谓之福色。"[2] 可知红色、月白、三蓝、青色等在清代都曾流行一时。

据实物来看，清代女裙以各种红色调最为常见，其次如蓝、绿、棕等色也较为普遍。倘面料本身带有花纹，除却裙门处的装饰图案，一般也为与底同色的暗花，以使裙装主体色调保持一致，搭配彩色的装饰纹样和各式镶边时不致繁乱。而若裙幅由多色面料组成，则讲究各种色彩相互搭配时的协调。如清初时曾流行一种月华裙，据清人叶梦珠《阅世编》记载："数年以来，始用浅色画裙。有十幅者，腰间每褶各用一色，色皆淡雅，前后正幅，轻描细绘，风动色如月华，飘扬绚烂，因以为名。"[3] 另一说此裙每裥之中备有五色，李渔《闲情偶寄》载："吴

---

[1] （清）李渔：《闲情偶寄》卷三，中华书局，2007年，第169页。

[2] （清）李斗：《扬州画舫录》卷九，中华书局，1980年，第194页。

[3] （清）叶梦珠：《阅世编》卷八，上海古籍出版社，1981年，第182页。

5　　　　　　　6

门新式,又有所谓月华裙者,一裥之中,五色俱备,犹皎月之现光华也。"[1] 月华者,系指月光映照在云层上而呈现于月亮周围的彩色光环。明人冯应京《月令广义·八月令》释云:"月华之状如锦云捧珠,五色鲜荧,磊落匝月,如刺绣无异。华盛之时,其月如金盆枯赤,而光彩不朗,移时始散。"[2] 虽然月华裙的形制在叶、李二作中的表述有异,但其调协多种色彩,使之和谐地匹配拼搭在一起,以合"月华"辉映绚彩之名应是无疑的。

三　清代女裙的装饰

清代女裙集织绣工艺之大成,在装饰上充分运用织花、刺绣、印花、镶滚等技艺,显示出成熟而完善的装饰形式。具体而言,清代女裙的装饰主要集中在两个方面,一个是两外裙门上的装饰图案,另一个是外裙门周围及裙底摆的镶边。

外裙门上的装饰图案主要位于裙门的下半部分,是整个裙身中最为显著和醒目之所在。其纹饰题材涉及广泛,动物、植物、人物、器物、风景等皆有表现。承袭中国传统纹饰的文化主旨,这些纹样题材都被赋予了特定的寓意,如龙、凤象征权力,牡丹象征富贵,梅、兰、菊代表高洁,松、鹤、桃寓意长寿,石榴、葡萄表示多子,蝙蝠和佛手谐音"福",花瓶谐音"平",葫芦谐音"福禄"等。在实际应用中,多种纹样经常搭配在一起,通过谐音、象征等方式来表达某种吉祥含义,由此形成了一些固定的程式化组合,常见如:

一年景,也称"四季花",采用分别盛开于四季的代表花卉构成图案,如桃花、兰花、海棠、牡丹、荷花、菊花、梅花等。有时这些花卉会被置于花瓶中,取"瓶"与"平"之谐音,寓意四季平安(图5)。

福寿三多,由佛手、桃、石榴(或葡萄、葫芦)组成。佛手之佛谐音"福"字,桃有仙桃、寿桃之称,寓意长寿;石榴(或葡萄、葫芦)多籽,代表子嗣昌盛。三者组合在一起有多福、多寿、多子的含义。

喜相逢,纹样结构源于太极图,是将成对的吉祥图案如蝴蝶、龙、凤、喜鹊、鹦鹉、鸳鸯、鱼、莲花等作相对旋转状排布,两纹样一正一反、一上一下,彼此紧密呼应,显示出和谐统一的形式之美(图6)。

---

[1]（清）李渔:《闲情偶寄》卷三,中华书局,2007年,第169页。

[2]（明）冯应京纂辑、戴任增释:《月令广义》卷十五,万历三十年秣陵陈邦泰刻本,第15页。

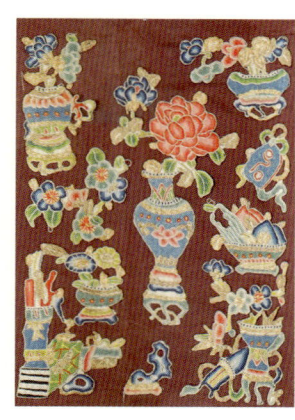    

7　　　　　　　　8　　　　　　　9　　　　　　　　　10　　　　　　　　　11

　　八吉祥，也称"佛八宝"，即法轮、法螺、宝伞、白盖、莲花、宝瓶、金鱼、盘长八种象征佛法威力的器物。法轮，指佛法具有传之久远的法力，辗转相传弘扬光大；法螺，为佛事活动使用的乐器之一，又称梵贝，象征佛法所传之法音，妙音吉祥响彻世间；宝伞，喻佛法运转传播张弛自如，贯通无碍；白盖，形容佛法如神圣的华盖，遍覆大千世界，广施慈悲，普惠众生；莲花，喻佛法圣洁，如莲之清新芳蕙，以沁心馨香引导众生脱离污垢；宝瓶，喻佛法深厚坚强，聚福智圆满充足，如宝瓶般无散无漏；金鱼，喻佛法具有无限生机，如鱼游水中，自由自在，解脱劫难，游刃自如；盘长，又称无穷盘、幸运结，喻佛法的强大生命力，如无穷盘结样延绵往还，长承久传，无尽无休。在不断的传承发展过程中，这些佛教符号逐渐被赋予世俗化含义，成为表喻吉祥的象征。作为装饰时或一起使用，或选用其中的几种（图7）。

　　龙凤呈祥，龙、凤均为人们综合多种动物特征虚构出来的祥瑞之物。传说龙能兴云作雨，上通于天，下达于地，具有无比广大的神通，代表神圣、威严、尊贵；而凤为百鸟之王，是美丽、高贵和仁爱的象征。传统文化中又将龙、凤分别对应于男、女，龙凤组合寓意婚姻美满，幸福吉祥（图8）。

　　博古，其名源自北宋年间的《宣和博古图》一书，此书由宋徽宗敕撰，王黼编纂，著录当时皇室在宣和殿所藏商至唐代铜器八百余件，集宋代所藏铜器之大成，故得名。后人将其含义加以引申，凡以瓷、铜、玉、石、函册、卷轴、盆景等诸多古器物作为装饰题材时，均称博古，寓意高洁清雅。有时其中还会加入清供花卉和蔬果，使表现内容更加丰富生动（图9）。

　　观察外裙门上的装饰可以发现，这些图案都属于单独型的纹样组织结构，具有独立完整的外观，而根据其表现形态的不同，又可以分为单独纹样和适合纹样两种样式。

　　单独纹样也称独立纹样，指没有特定的外形轮廓，组织结构完整，作为独立、完整个体存在的一种纹样。其构图形式包括对称式和平衡式两种。前者是一种上下或左右对称的规整结构形式，平稳严谨，装饰性强；后者则不追求形式上的对称统一而着重于感觉上的均衡。在不失重心、保持平衡的前提下，根据需求灵活地布局纹样，所得纹样变化丰富，形态自由，不拘一格。清代女裙外裙门上的单独纹样所见基本都为平衡式（图10）。

　　适合纹样是一种以适应一定外形轮廓的方式进行装饰的纹样。对于外裙门的装饰纹样而言，其适应形状大多为长方形，一般是将数种图案以舒展均衡的方式排布组合在一起，保持各图案在形式、内容上协调一致的同时，使其整体外形吻合长方形的轮廓框架，以适合裙门的形状，显示出结构严谨、布局规整而又变化丰富的特点（图11）。

12　　　　　13　　　　　14

　　外裙门周围及裙底摆的镶边是清代女裙上的另一项主要装饰。镶边包括素缎边，刺绣花边以及机织花边三种形式。除了缎边光素无纹以外，刺绣花边和机织花边都带有装饰图案，题材常见各种几何形、花卉、花蝶、如意云、文字符号等。这些纹样通常作二方连续排列，即以一个或几个单位纹样沿一定方向做有序的反复连续循环排列，形成富有节奏和韵律感的长条形装饰带。作为循环的单位纹样结构紧凑，随形而就，造型简洁而不失生动。相较于机织花边，刺绣花边更为精巧细致，常综合多种刺绣工艺如三蓝绣、钉线绣、盘金绣、打籽绣等，以满足纹样表现的需要。

　　镶边围绕外裙门周围及裙底摆进行装饰，有宽有窄，或多或少，不一而同，对于裙身的结构线条具有重要的修饰作用。特别是外裙门周围的镶边，界定了裙门装饰图案三面的边框，在表现形式上存在如下几种形式：最常见的是一道或多道镶边，围绕装饰图案左、右、下三侧，向上一直通达裙腰（图12）。第二种与前一种类似，只是紧邻装饰图案的一道镶边并不直达裙腰，而是仅高出图案少许，有时末端稍作拐角，其外另有一道或多道镶边通达裙腰（图13）。第三种镶边较宽或道数较多，占据裙门上较大空间，相应地使装饰图案变小，或至没有。这种类型的镶边有的直通到裙腰，也有的在中途加以变化，形成几何形转折，其中以反向相对的半如意云头最为常见（图14）。通过不同形式镶边的勾勒，外裙门的轮廓获得了完整而突出的强调，装饰效果更加完善。

结　语

　　清代女裙是清代服饰的重要组成部分，其形式变化多样，色彩丰富绚丽，纹饰精美细致，体现了我国古代物质文明的伟大创造，凝结着中国传统美学思想的深刻内涵，反映出清代女性具有时代性的审美意识和流行风尚，在古代女性服饰中占有重要地位，对近代女性服饰的发展产生了深远影响，同时对于现代女装的设计也有积极的借鉴意义。

参考文献

1

（明）冯应京、戴任：《月令广义》，万历三十年秣陵陈邦泰刻本。

2

（明）叶梦珠：《阅世编》，上海古籍出版社，1981年。

3

（清）李斗：《扬州画舫录》，中华书局，1980年。

4

（清）李渔：《闲情偶寄》，中华书局，2007年。

5

（清）李静：《清代北京竹枝词》，北京古籍出版社，1982年。

6

黄能馥、陈娟娟：《中国服饰史》，上海人民出版社，2004年。

7

孙彦贞：《清代女性服饰文化研究》，上海古籍出版社，2008年。

8

读图时代：《清代女子服饰图说》，中国轻工业出版社，2007年。

9

李霞：《清末民初马面裙的实物研究》，
东华大学硕士学位论文，2006年。

10

祁姿妤：《清代马面裙形制研究》，
北京服装学院硕士学位论文，2012年。

古代蝴蝶纹饰吉祥寓意及其特点

北京艺术博物馆 王田

摘要

纵观中国传统服饰上的纹饰，其源远流长的文化底蕴以及森罗万象的变形充满着让人们了解与研究的魅力。这其中，蝴蝶以其美丽的形象，被人们作为纹饰传承已久。它是传统文化中的吉祥寓意之一，蕴含着人类对美好生活的精神向往与寄托。为了研究传统服饰中的蝴蝶纹饰形象，本文从真实的蝴蝶入手，进而解读蝴蝶形象的文化内涵，在传统文化中追溯蝴蝶所蕴含的不同情感意义，表达出其成为装饰纹样的合理性。通过对服饰中蝴蝶符号不同意象的解读挖掘其深层的文化价值，印证其重要的文化地位，感受中国传统服饰文化的深厚底蕴。

关键词 蝴蝶 纹饰 文化寓意

说起蝴蝶，这可是一种古老的昆虫了。据推测，大约距今6000万年前，地球上就已经出现了蝴蝶。在文字典籍中，中国第一部辞书《尔雅》，便有"蝶"字出现。还有许慎《说文解字》、李时珍的《本草纲目》等众多书籍中，也都有对蝴蝶的记录。而蝴蝶成为纹饰，现有的资料中，可以追溯到唐代[1]。蝴蝶以其高颜值，早早地就引起了古人的注意。这主要是因为蝴蝶特殊的生理构造。它的翅膀多为四片，并且均覆盖有细小的彩色鳞片。在放大镜的观察下，鳞片就像鱼鳞一样排列整齐，表面上还有颜色各异的颗粒色素，在阳光折射下呈现千变万化的色彩。有些单色的蝴蝶，还能利用翅膀的颜色，与周围环境融于一体，形成保护色。比如杨万里在《宿新市徐公店》一诗中写道："儿童急走追黄蝶，飞入菜花无处寻"。黄色的菜蝶飞进黄色的油菜花中，确实是踪影难辨。

除了其颜值之外，纵观蝴蝶一生的变化，也是要经历卵、幼虫、蛹、成虫四个阶段。每一阶段都是一次蜕变。尤其是破蛹成蝶，这一奇妙的变化过程，给予了古人对于生死幻化无限的想象。

最为经典且为人熟知的，要数庄周梦蝶了。《庄子·齐物论》中记载："昔者庄周梦为蝴蝶，栩栩然蝴蝶也，自喻适志与不知周也。俄然觉，则蘧蘧然周也，不知周之梦为蝴蝶与蝴蝶之梦为周与！周与蝴蝶则必有分矣，此之谓物化。"究竟是庄周化成了蝴蝶，抑或是蝴蝶化成了庄周，这一思考，包含着庄周自身的处世思想。庄周讲求"虚己以游世"，要放下执念，放下羁绊，达到物即我，我即物的状态，像那蝴蝶一样自由而逍遥地飞翔。所以这里的蝴蝶，象征着自由与淡然。之后被文人们也慢慢引申成对现实不满，只好在梦里寻求安慰的意义。比如辛弃疾在《念奴娇·和赵录国兴韵》中写道："怎得身似庄周，梦中蝴蝶，花底人间世。""怎得"二字，精准地表达出辛弃疾对现实不满，却又找不到像庄周梦中蝴蝶那样的解脱。又如杜甫在《江畔独步寻花》中说道："留连戏蝶时时舞，自在娇莺恰恰啼。"这首诗看上去只是在写蝶舞莺歌，但结合诗人饱经离乱的时代背景，就不难发现，这是诗人终于有了安身的居所，出门散步时所写。诗中的蝴蝶，已不仅仅是自由飞舞的自然界蝴蝶，而是加入了深意。诗人寄情于"蝶舞"与"莺歌"，真正想表达的，是终于有了安身之处的闲适心情。蝴蝶的美好形象是诗人对战乱的厌倦，对安定的渴望。

蝴蝶的另一个经典故事，便是梁山伯与祝英台之间凄美的爱情故事了。其实在最开始，故事的原型并不是

---

1 高春明：《锦绣文章——中国传统织绣纹样》，上海书画出版社，2005年版，第342页。

1

梁祝。这里面还有一个演变的过程。在晋代干宝的《搜神记》中，记载了最早的故事原型。原文中说："宋康王舍人韩凭，娶妻何氏，美，康王夺之。凭怨，王囚之，沦为城旦。妻密遗凭书，谬其词曰：'其雨淫淫河大水深，日出当心。'继而王得其书，以示左右，左右莫解其意。臣苏贺对曰：'其雨淫淫，言愁且思也；河大水深，不得往来也；日出当心，心有死志也。'俄而凭乃自杀。其妻阴腐其衣。王与之登台，妻遂自投台，左右揽之，衣不中手而死。遗书于带曰：'王利其生，妾利其死。愿以尸骨，赐凭合葬。'王怒，弗听。使里人埋之，冢相望也。王曰：'尔夫妇相爱不已，若能使冢合，则吾弗阻也。'宿昔之间，便有大梓木生于二冢之端，旬日而大盈抱，屈体相就，根交于下，枝错于上。又有鸳鸯，雌雄各一，恒栖树上，晨夕不去，交颈悲鸣，音声感人。宋人哀之，遂号其木曰'相思树'。相思之名，起于此也。南人谓此禽即韩凭夫妇之精魂。今睢阳有韩凭城，其歌辞至今犹存。"这个故事里，出现的主角是韩凭夫妇，而且死后幻化的也并非蝴蝶，而是鸳鸯。直到宋代的《太平寰宇记》中，引《搜神记》中的记载：宋大夫韩凭娶妻美，宋康王夺之。凭怨，自杀；妻阴腐其衣，与王登台，自投台下，左右揽之，著手化为蝶。又云：凭与妻各葬相望，冢树自然交，树有鸳鸯鸟，栖其上，交颈悲鸣。"这个记载中，人物虽然还是韩凭夫妇，但是幻化的形象变成了蝴蝶。到最后为人熟知的是梁祝化蝶，蝴蝶的形象代表了夫妻间地恩爱。而且不管是鸳鸯或是蝴蝶，在人们的意识中，都是终身一夫一妻的。这也代表着人们对于爱情忠贞的一种向往。这个故事以其凄美而被记住，等到了明清已经广为流传。清代纳兰性德在《减字木兰花》中写道："若解相思，定与韩凭共一枝。"

蝴蝶以其美貌与独特的变化状态，被人们所注意，并赋予了文化内涵。因此，蝴蝶也就顺理成章地成为了日常生活中纹饰。各个朝代的纹饰特点，其实和各个朝代的特点是一致的。唐朝蝴蝶纹饰的形态，大都飞得热情奔放，色彩上艳丽雍容。到了宋朝，受到花鸟画盛行的影响，蝴蝶纹饰大为流行，大都真实细腻，颜色上转变为清新淡雅。到了明清，蝴蝶纹饰变得多种多样。尤其是清朝时，"图必有意，意必吉祥"的理念被用到了极致，甚至有了几分俗气。

人们最先是被蝴蝶飞舞时的样子所吸引的，所以纹饰上，"蝶恋花"这个题材被广泛运用。不管是镜子、瓷器，或是服饰上，都能看到大量实物。很多构图中相互呼应的蝴蝶纹饰与蝶恋花纹饰，造型生动，或动静结合，似乎可以看到翅膀上下翻舞，带来一种强烈的韵律感。比如这件清晚期的石青缎绣海水江崖褂（图1），这上面飞翔的蝴蝶，并没有因为对称而给人带来呆板与刻意，围绕着美丽的花朵肆意起舞，一切是那么自如，整体的构图也

2

将节奏与韵律的动感展现其间。

另外，谐音象征现象在清朝也被广泛应用。这实际上是同一文化群体内，一种模式化的文化规定。它可以在不同时间、不同地点反复应用，文化群体内的每个个体，都熟知其本体与喻体之间特定的关系，并多以此来表述该群体的美好愿望或祝福。比如蝙蝠的蝠，被拿来与"福"谐音，衍变出"福在眼前""洪福齐天"等经典纹饰。蝴蝶自然也不能例外。古人在"蝶"字上大做文章。并且一下子有了两个谐音，形成了不同的纹饰。

其中一个，便是将"蝶"与"瓞"谐音。组成的吉祥寓意纹饰为"瓜瓞绵绵"。这里的"瓜"，是指成熟了的大瓜。而"瓞"，则是指小瓜。字面上的意思就是一根根连绵不绝的瓜藤上，结了大大小小的果实。而这有大瓜，又有小瓜，便代表了长辈与晚辈。孔颖达《疏》中有记载："大者曰瓜，小者曰瓞；而瓜蔓近木之瓜必小于先岁之大瓜，以其小如瓝，故谓之瓞。"瓜与蝶相组合，瓜蔓与蝶纹相配，谐音"瓜瓞"。在《诗经·大雅·绵》中有记载："绵绵瓜瓞，民之初生，自土沮漆。"意思是周朝发祥于沮漆，在古公亶父之时，其国土甚小。至周文王开始，逐渐昌盛起来，并建立了周朝。后人遂以"瓜瓞绵绵"来寓意子孙万代连绵不绝这一美好祝愿。这件清晚期的浅蓝色纱绣五彩花卉纹衫（图2），右半部分便出现了蝴蝶与佛手以及金瓜。虽然并没有长长的蔓藤，但也属"瓜瓞绵绵"图案的一种。

另一个则是将"蝶"与"耋"谐音，同时将猫与"耄"谐音。这样画面上直观看到的是小猫戏蝶，顽皮中夹杂着些许的憨态。而暗含的寓意，便是将"猫蝶"隐喻成"耄耋"，是祝福人长寿之意。《礼记》曰："八十、九十曰耄"；《盐铁论》则谓"七十曰耄"。耋，毛诗云"耋，老也；八十曰耋"，以示高龄[1]。

在服饰上出现的蝴蝶纹饰，虽然历朝历代各有不同，但总的来说，可分为三种不同的表现形态。

一 写实类蝴蝶纹

蝴蝶作为装饰纹样以来，按照真实的蝴蝶来直接变为纹饰，是最为常见的一种类型。因为直接将自然界中真实存在的形象拿来，所以与真实形态很是接近。但所制对象既不是对蝴蝶的完全再现，也不是简单地从局部截取，

---

[1] 田自秉、吴淑生、田青：《中国纹样史》，高等教育出版社，2003年版，第387-388页。

    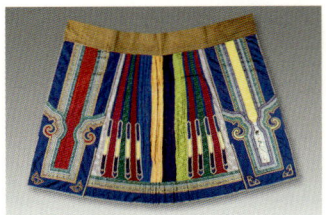

3　　　　　　　　　　　　　　4　　　　　　　　　　　　　　6
　　　　　　　　　　　　　　　5　　　　　　　　　　　　　　7

而是抓住其具有代表性的特征和最典型的结构，形成视觉思维上的"蝴蝶"。这是经过一定程度的艺术加工而完成的纹饰。写实的蝴蝶纹颇具动感与变化，富有灵气。画风大都细腻写实，其描绘的情景也是人们所喜闻乐见的。每只蝴蝶的飞行状态和颜色均有不同。比如这件清晚期的红色暗花绸氅衣（图3），其前襟和下摆上的蝴蝶形象，清晰地体现出了蝴蝶的翅膀、眼睛、头部、腹部、触须以及腿。与真实的蝴蝶生理构造一般无二。颜色上用清新淡雅的色彩，与黑色的底色形成视觉上强烈的对比，传递着对生活的热情。

二　抽象类蝴蝶纹

　　蝴蝶纹饰取之于自然，但又不受自然形态的束缚，这也正是蝴蝶纹丰富多变的原因。它可以和世间万物相结合，存在很多种形态的可能，却又不失原始的自然形态。在每一个新绘制出的纹饰中，还可以找出其自然形态的影子。

　　以一种事物形态的变形与结合去塑造另一种事物的外形，是此蝴蝶纹饰的一大特点。甚至有些蝴蝶纹饰的造型构成中，没有直接运用蝴蝶的元素，而是运用的其他纹饰，或鱼或花草或是几何图形来重组塑造出蝴蝶形态。比如这件清晚期的本色缎画花蝶纹四合如意式云肩（图4），其纹饰上虽然是蝴蝶形状，但蝴蝶翅膀的图案被装饰成了万字纹和云纹等。

　　还有一种就是只用线条来描绘出蝴蝶的形象作为纹饰的。比如这件清晚期的紫灰色花缎套裤的裤腿（图5）以及这件民国时期的月白色暗花罗衫（图6）的下摆开衩部分，都是将现实中的蝴蝶进行抽象简化，仅用线条来勾勒出蝴蝶的外形。

　　蝴蝶纹饰或单独出现，或与其他纹饰组合搭配出现，都能构成连续式构图，在服饰的纹饰构图中多为二方连续式。例如的这件清晚期的镶蓝色缎边彩条凤尾式马面裙（图7），其外裙门上的镶边，蝴蝶纹饰一上一下呈直立式交替排列，无论是色彩还是构成形式，这部分镶边都是典型的二方连续式带状分布。这会使得整个构图产生规律与秩序的美感。同时，色彩的搭配有种运动的效果，白色与蓝色蝴蝶以及蓝色与黄色蝴蝶，边缘形成律动的波浪，连续不绝，柔和顺畅，使得构图又有着强烈的延展性。

8

三 加料类蝴蝶纹

这类蝴蝶纹，其实是写实类蝴蝶纹的进阶。在真实蝴蝶的基础上，人为地根据审美或构图的需要，添加一些纹饰，使之看上去比真实的蝴蝶更加繁复与绚烂。就如这件清晚期的红缎三蓝绣花蝶纹阑干裙（图8）。其面上的主要图案是两只蝴蝶围绕着一朵花翩跹起舞，这个组合也叫作"喜相逢"。这里面的两只蝴蝶，其翅膀的颜色也好，形状也罢，都比真实中的蝴蝶要更加绚烂。尤其是那长长的尾翼，都已经有一种鸟类羽毛的既视感了。随着社会的发展，不同地域之间，文化上相互沟通影响越来越密切。特别是在明清之际，资本主义开始萌芽，南方部分地区大规模的商品生产对纹饰的变化起到推陈出新的积极作用。人们的审美或多或少的受到西方文化的影响，使得一些装饰纹样风格上追求精细、繁缛，甚至还有些生搬硬套。这类蝴蝶纹以造型奇异、线条繁复的形态，呈现出奢侈华丽，森罗万象的特点。

蝴蝶纹饰一直受人们所喜爱。它不像龙凤纹那样有严格的使用等级限制，却有着美丽的外表以及被人们赋予的吉祥寓意。所以从老人到小孩，从上层社会到民间，蝴蝶纹饰随处可见，其生命力经久不衰。

如意云纹装饰在清代服饰中的应用

北京艺术博物馆 李蓓

摘要

如意云纹是一种传统的装饰图案，多为灵芝、云头形状，寓意称心、圆满。人们将其装饰点缀在衣服上，一方面表现其美好的心愿，一方面增加其装饰美感。清代如意云纹被频繁运用于女性服装、服饰品的装饰中。如意云纹具有韵律十足、寓动于静的装饰特色，在开裾、对襟、斜襟、云肩等部位和配件中，起到美化和功能的双重作用。

关键词 如意云纹 服饰 装饰

在中国几千年的文化中，先民将美好的祈祷、人生的向往和对生活的祝愿等融入生产和生活，创造出了许多装饰图案。这些图案通过象征、双关、谐音、隐喻等方式，将自然万物、文字符号等都赋予吉祥的意义。中国传统吉祥图案是中国传统文化的重要组成部分，是一整套反映民族历史的艺术形式。古人通过这些直观的艺术形式，表达了他们对幸福生活的渴望。

如意云纹是一种传统的装饰图案。它由如意造型而得名，多为灵芝、云头形状，寓意称心、圆满。如意云纹的基本形状是由一个或多个圆弧连接的对称漩涡，结构稳定，给人以宁静祥和的感觉。如意云纹是传统文化的代表符号之一，它传达的如意吉祥、福寿安康是古往今来的永恒期待与向往，也是这个符号能够沿用至今的内在动力。

针对如意云纹的起源有多种不同观点，目前常见的说法包括西方起源说和东方起源说。西方起源说认为，这种特殊的心型纹样起源于东地中海和西亚的心形涡卷纹样。这种纹样主要是由枣椰纹和忍冬花瓣构成类似的心型结构，带有扇形叶片和双涡卷，该纹样因形态卷曲流畅而被命名为心形涡卷纹样[1]。东方起源说又分为两派，一方认为，如意云纹的形成和发展不同程度上受到了中国传统的卷草纹样的影响。心形的如意结构自春秋战国时期以来就已经成为一种约定式结构和一种美的运用，其中自卷草纹样演变发展而来的心形纹样被大量地运用于各种装饰上。另一方认为如意云纹的起源是云气纹。云气纹是一种自然物象图案化的结果，最早的云气纹是商周时期的云雷纹，到了两汉时期，云气纹的骨骼结构发生了巨大的变化，渐渐走向成熟，产生了很多形式的云气纹样，其中的一种形式演变发展成了后来的云气如意纹[2]。

尽管存在图案演变和起源的不同观点，到明清时期，如意云纹已经成为稳定的装饰图案。云头通常由左右两个对称的内旋转弧组成，结构稳定。如意云纹图案表现了人们对生活的憧憬和对未来的期许。明清时期装饰图案讲究"图必有意，意必吉祥"，人们通过谐音、比喻、会意等种种方法，将装饰图案代指为祈福纳祥、辟邪驱厄

---

[1] 郝鸣、吴卫：《六朝时期如意纹艺术符号初探》，《陶瓷科学与艺术》2009年第9期，第33页-35页。

[2] 郝鸣：《魏晋南北朝时期如意纹艺术符号探究》，湖南工业大学硕士学位论文，2010年。

1
2
3
4
5

等吉祥寓意，例如蝙蝠谐音"福"，石榴象征"多子"等等。清代手工艺水平达到了鼎盛，如意云纹也迎来了发展与传播的巅峰，被频繁地运用于服装、服饰的装饰艺术中，尤其是在女性服装、服饰品的装饰中，成为各阶层女性服饰中最常见、最典型的装饰纹样之一。

一　如意云纹装饰的构成及形式

如意云纹装饰的形式随着载体不同而形式多样，在清代服饰中主要指通过联结两个内旋勾卷形线条，呈现出左右对称、互逆对旋的角形稳定结构。在实物应用中，通过转折处理、线条本身变化和图形组合变化等手段来达到形式上的变化。如意云纹装饰具有圆润饱满、婉转流畅的曲线结构模式，再加上其线条转换的疏密变化、急缓相交的造型变化，使其呈现出韵律十足、寓动于静的视觉效果。如意云纹装饰具备多样的装饰手法，在整体造型中既可做主体纹样单独出现，又可作为底纹烘托主体纹样，也可以框架的形式出现，包容其他纹样。

如意云纹的基本样式（图1）（图片来源：《中国云纹装饰》）

清代服饰中的如意云纹装饰主要有以下三个重要元素：以如意云头为中心的基本单位，绲边，加绲边后形成的留空。如意云纹装饰随着工艺的复杂程度和层次而呈现出变化，造型饱满，曲线流畅，比例适宜，具有层次美感。根据服装结构和装饰位置的变化，如意云纹装饰具有丰富的变化形式。

如意云纹装饰的造型构成三元素（图2）（图片来源：《清代女装缘饰装饰艺术研究》）

变异如意云头造型（图3）（图片来源：《清代女装缘饰装饰艺术研究》）

二　不同服饰中的如意云纹装饰

1　褂襕中的如意云纹装饰

褂襕又称大坎肩，穿在衬衣、便袍外面，做工及面料的织造、绣工都非常讲究。形式为圆领，无袖，身长及足面。褂襕中如意云纹装饰常在腋下的左右开裾处及对襟处，在两侧开裾处装饰如意云头。使用的面料图案主题与褂襕整体设计相呼应，成为一个和谐的整体。

藏蓝缎绣墩兰纹褂襕·清晚期（图4）

青色缎绣花篮纹褂襕·清晚期（图5）

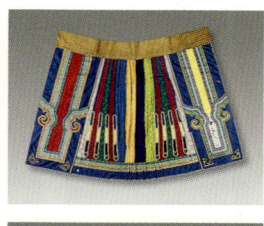

6　　　　　　　　7　　　　　9　　　　　10
　　　　　　　　　8　　　　　　　　　　11

2 褂中的如意云纹装饰

褂是清代的一种礼服，男女都可穿着。形式为圆领，晚清出现立领，平袖端，左、右及后开裾，身长及胯。对襟褂通常在领子周围装饰如意云纹，造型匀称饱满具有美感，与宽平短阔的袖端及短衣的形制相得益彰。

红色天鹅绒如意对襟褂·清晚期（图6）

3 袄中的如意云纹装饰

袄为有里子的上衣，一般穿在袍服里面。袄中如意云纹装饰常在大襟右衽处的末尾端饰半个如意云头，也有在两侧开裾处各装饰一个如意云头并在大襟末端装饰半个如意云头。

蓝色暗花缎锁绣袖边袄·清晚期（图7）

鹅黄色云鹤八宝暗花缎袄·清中晚期（图8）

4 氅衣中的如意云纹装饰

清朝氅衣中如意云纹装饰的运用非常普遍，是氅衣一个重要的装饰组成部分。清代氅衣的形制为直身，身长掩足，圆领，双挽平阔袖，右衽大襟，左右开裾至腋下，两侧开裾处装饰如意云头。氅衣对装饰性的要求非常高，工艺繁复，做工精致，花样纹饰华丽。左右开裾处腋下的如意云纹装饰既起到固定和连接服饰的作用，也起到装饰性的作用。

红色暗花绸氅衣·清晚期（图9）

5 马面裙中如意云纹装饰

清朝的马面裙上也使用如意云纹装饰。马面裙又称"马面褶裙"，前后共有四个裙门，两两重合，中间裙门重合而成的光面，俗称"马面"。裙门比较宽阔平整，如意云头常装饰在裙门（马面）上。

镶蓝色缎边彩条凤尾式马面裙·清晚期（图10）

彩条暗花绸凤尾式马面裙·清晚期（图11）

三 不同位置上的如意云纹装饰

1 开裾处的如意云纹装饰

在开裾处装饰如意云头是各个服饰形制中都常用的一种装饰手法。开裾处的如意云纹装饰是兼有审美性和功

12　　　　　13　　　　　14　　　　　15　　　　　16　　　　　17
　　　　　　　　　　　　　　　　　　　　　　　　　　　　　　　　18

能性的装饰，在美化和强调服饰形制结构的同时起到固定开裾、增加耐磨度等功能性作用。开裾处的如意云纹装饰较为固定，一般从两侧开裾处将如意云头结构一分为二，前后各半朵，合成一朵。云头大小变化不一，饱满程度随绲边的层数而定。

◎ 如意云纹装饰都是曲线配合竖直的绲边构成，也随服饰款式的长短而呈现不同的变化。氅衣的如意云纹装饰边饰的因款式的关系而一直延伸到下摆而显得瘦长，而马褂就因形制短。如意云纹装饰随服装形制的变化而发生转折，在衣缘的转角处转折，显得丰满。开裾处的如意云纹装饰在结构和工艺上追求对称与平衡，是体现审美和考验工艺的一个重要因素。如意云纹装饰内的刺绣图案有着丰富的变化，形式上有变化且颜色上和谐统一，刺绣图案不追求绝对的对称，体现了富于变化的灵动美感。

鹅黄色云鹤八宝暗花缎袄（局部）·清中晚期（图12）

红色暗花绸氅衣（局部）·清晚期（图13）

藏蓝缎绣墩兰纹褂襕（局部）·清晚期（图14）

青色缎绣花篮纹褂襕（局部）·清晚期（图15）

2　对襟处如意云纹装饰的构成

◎ 对襟中的如意云纹装饰常有单朵和两朵两种，其中单朵又有朝向向下和向上两种。在对襟上装饰朝向相对的两朵如意云纹装饰的服饰显得富丽华贵，做工十分精湛。

红色天鹅绒如意对襟褂（局部）·清晚期（图16）

3　斜襟中如意云纹装饰的构成

◎ 斜襟中的如意云纹装饰与其他位置的装饰差异较大，是追求服饰装饰整体呼应和谐的体现。斜襟上如意云纹装饰为半朵，走向沿斜襟的弧度呈弯曲状，一直延伸到腋下，弧度流畅且富于变化。斜襟中的如意云纹装饰主要出现在袄和大襟女褂中。

蓝色暗花缎锁绣袖边袄（局部）·清晚期（图17）

鹅黄色云鹤八宝暗花缎袄（局部）·清中晚期（图18）

19　　　　　　　　20　　　　　　　　21　　　　　　　　22　　　　　　　　23

四　云肩中的如意云纹装饰

云肩是妇女披在肩上的一种装饰性配件，因其外形多裁制成如意云头形状，穿着后云头下垂于肩背，如同云朵环绕身侧，故称云肩。明清时期，云肩成为广泛流行的女子服饰。云肩装饰以中国传统吉祥图案为主，遵循了"图必有意，意必吉祥"的创作原则。组合形态上，云肩以颈部为中心，按照"十"字或"米"字形骨架结构向周围呈放射或旋转状展开，以四个、八个大如意云型装饰连接而成，或以数块甚至数十块多层次小如意云叠加连接组合。

蓝绿色缎绣花蝶纹四合如意式云肩·清晚期（图19）

本色缎画花蝶纹四合如意式云肩·清晚期（图20）

本色缎绣凤穿花四合如意式云肩·清晚期（图21）

本色缎绣亭台花鸟纹葵花形云肩·清晚期（图22）

三色缎打籽绣花蝶纹四合如意式云肩·清晚期（图23）

五　如意云纹装饰所蕴含的文化意蕴

如意云纹是吉祥如意的象征，人们将其装饰点缀在衣服上，一方面表现其美好的心愿，一方面增加其装饰美感。如意云头装饰在开裾、对襟、斜襟、云肩等部位和配件中，起到美化和功能的双重作用。

清代女性服饰品中多运用谐音、隐喻、象征等表现手法寄托女性情感和美好祝福，传递无法言传的思想意愿和审美情趣。"如意"寓意的吉祥、称心与美满，几乎涵盖了人们祈愿、祝福、理想的所有美好情感与愿望。历来人们对生活都怀有幸福美满、万事顺心的良好期盼，而清代女性通过带有如意云纹装饰的服饰穿戴，借如意云纹的象征意义标志性地诠释了"如意"的生活意蕴与文化内涵，最为直接地表达了她们对亲人的良好祝愿和对美好生活的向往之情。

中国近代著名学者王国维先生说过："一切之美皆形式之美也。就美之自身言之，则一切优美皆存于形式之对称、变化及调和。"[1] 如意云纹装饰以其优美完整富有节奏变化的线条、稳定对称的造型形态深受人们的喜爱。

---

[1] 金雅：《中国现代美学名家文丛·王国维卷》，浙江大学出版社，2009年，第100页。

清代女性服饰中的如意云纹装饰，承载着女子们对自己平安如意、家人幸福安康的祝福和祈盼，不但体现了个人对于美好生活的向往，而且是整个社会心理的物化标志。

参考文献

1
徐雯：《中国云纹装饰》，广西美术出版社，2000年。

2
刘远洋，《中国古代织绣纹样》，学林出版社，2016年。

3
马斐：《论"如意"艺术的起源、特点及其作用》，
南阳师范学院学报（社会科学版）2006年第5期。

4
梁惠娥、胡少华：《清代女性服饰中的如意云纹》，
《丝绸》2009年第12期。

5
孙云：《清代女装缘饰装饰艺术研究》，
太原理工大学硕士学位论文，2015年。

6
魏娜：《中国传统服装襟边缘饰研究》，
苏州大学博士学位论文，2014年。

7
乾梅：《清代云纹图案的设计学诠释》，
湖北美术学院硕士学位论文，2010年。

8
张蓓蓓：《云纹模式研究》，上海师范大学硕士学位论文，2013年。

9
付曦：《如意云纹图案在围巾创意设计中的应用与研究》，
湖南师范大学硕士学位论文，2016年。

10
刘琴：《传统服饰中如意云头装饰的研究与设计创新》，
北京服装学院硕士学位论文，2013年。

百花深处
——清代女性服饰吉祥图案

北京艺术博物馆 王放

摘要

中国的传统吉祥纹样内容极其丰富，几乎包含了人们日常生活的方方面面。人们通过纹样的描绘表现出对美好生活的向往，传达吉祥的寓意。这种方式一直发展到明代，出现了"服必有图，图必有意，意必吉祥"的概念。而到清代的中后期，这种服饰的装饰方法达到了顶峰。本文尝试探讨对北京艺术博物馆与新疆哈密博物馆联合举办的展览中涉及的女性服饰中的花蝶、团花、花鸟、石榴、人物、寿字纹等纹饰的吉祥寓意及其表现形式。

关键词 吉祥　吉祥图案　构成方式

清代是中国最后一个封建王朝，也是我国染织技术发展的鼎盛时期。皇室与贵族、士官与达人之间，以及普通的百姓，各个阶层的服饰都有鲜明的特征，清代的女性服饰也是如此。清代的女性服饰图案承载了丰富的文化内涵，传达了人们对未来生活美好的祝福和期盼，它通过纹样的形式化彰显了"服必有图，图必有意，意必吉祥"的文化特征。[1]

本文探讨的清代女性服饰主要结合北京艺术博物馆与新疆哈密博物馆联合举办的《锦衣罗裙——京城西域传统服装联合展》，从中挑选出数十套展品，分析其中涉及的花蝶、团花、花鸟、石榴、人物、寿字纹等纹饰的吉祥寓意及表现形式。

一　吉祥图案的定义

"吉祥"两字最初见于《庄子·人间世》，文中有"叙事生白，吉祥止止"之句。唐成玄英疏曰："吉者，福善之事；祥者，嘉庆之征。"吉祥观念的产生，来源于人们趋利避害的生存本能。在生产力低下的早期社会，人们经常要面对无法预料的自然灾害和各种疾病的威胁，心里充满畏惧，因此远离灾祸、平安健康成为人们普遍愿望。这种吉祥的愿望被人们以具象化的形式表现出来，逐渐形成了各种带有理想寄托的吉祥意象，并深入到日常生活的方方面面。[2]

吉祥图案也称为寓意纹样，所谓寓意纹样，就是以动物纹、植物纹或文字纹等纹样作为素材，用其形，择其意，取其音，组合成含有一定的寓意或象征性的纹样图案，这种组合的纹样统称为寓意纹样。[3] 通常的吉祥图案归纳起来有五个方面的含义：福、禄、寿、喜、财。这些吉祥纹样不仅适应着一定历史阶段人们对服饰装饰上美的追求，也反映了人们的善良愿望和对幸福美好生活的向往。它给予人们心理上的慰藉，寄托着人们对未来生活

---

[1] 张玉清：《清代女性服饰图案的文化内涵及艺术特征》，《兰台世界》2015年13期。

[2] 刘远洋：《中国古代织绣纹样》，学林出版社，2016年版，第261页。

[3] 南炳文：《清代文化——传统的总结和中西大交流的发展》，天津古籍出版社，1991年版，第56页。

1　　　　　　　　　　　　　　　　　　　　　2

的期盼和祈求幸福的美好理想。[1]

二　清代女性服饰吉祥图案的构成方法

清代织绣的吉祥纹样大致构成方式有三种：一是以纹样形象表示；二是以谐音表示；三是以文字来说明。以纹样形象表示，是将一些动物植物的自然属性、特征等延长并引申，这通常是吉祥纹饰最为常见的手法。如以龙、凤、蟒来象征权贵，又如以牡丹象征富贵，以海棠象征满堂富贵，与桃组合形成"富贵长寿"。以谐音表示则如"蝠"谐音"福"，"鹿"谐音"禄"，"冠"谐音"官"，"鱼"谐音"余"，"瓶"谐音"平"表示平安，喜鹊谐音"喜"，"桂花"谐音"贵"，"百合、松柏"谐音"百"。以文字来说明则饰以"寿""福""吉""喜"字等文字，直接反应吉祥的主题。[2]

1　以纹样形象表示的吉祥图案

直接提取动植物及人物纹样用来表示吉祥含义是最为古老而具特色的艺术构成方式，是人用感性直观的方式观察自然社会表达思想的思维方式。在吉祥图案中，人们就借物喻志，将吉祥意义托于此物，遂成吉图。而女性以其特有的娇媚、含蓄内敛的特质尤其喜爱花卉、蝴蝶等图案，在视觉上呈现出女性的翩翩风姿。

（1）植物纹

以植物为题材的装饰纹样是纹样中最常见的，其中以梅、兰、竹、菊为纹样的应用最为广泛。这四种花卉被称为四君子，构成的纹样寓意品德高洁。梅花取其不畏严寒，清白高洁之吉祥寓意，被视为坚贞的象征。表现方法与吉祥寓意有很多，如老杆上发新枝，寓意万事不灭，与竹子组合纹样寓意青梅竹马，比喻夫妻恩爱。加上青竹松寓意经得起严寒考验，称为岁寒三友。如北京艺术博物馆馆藏的桃红色梅兰竹菊提花绸袄（图1），采用桃红色绸缎为底黑边镶嵌，桃红色绸缎上提暗花梅兰竹菊的纹饰规则排列，主体的大面积桃红色面料更显层次丰富不显乏味。而藏蓝缎绣墩兰纹褂襕（图2），主体藏蓝色缎上则是以平绣墩兰纹左右对称排列为装饰，

---

[1] 张宇：《清代吉祥纹样在定制设计中的应用研究》，浙江理工大学硕士学位论文，2010年。

[2] 包铭新：《吉祥图案》，上海人民美术出版社，1997年版，第22页。

3　　　　　　　　　　　　　　　　　　　4　　　　　　　　　　　　　　　　　　　5

墩兰是晚清流行的一种兰花纹样，由一棵根须生出一簇兰花。黑色缎镶边上密集排列五彩绣梅兰菊花，彩蝶在花丛中翩翩飞舞，动感十足。整件女服上，主体的藏蓝色兰花纹的疏与装饰黑边上梅兰竹的密形成鲜明的节奏感，展现出女性活泼可爱的一面。

 除此之外，花卉图案在清代女性服饰中非常受欢迎。如折枝花，其纹样构成是折断的一枝花，上有花头、花苞和叶子，以花朵为主、枝叶为辅，排列活跃，穿插自如；花与花之间没有枝梗相连，并保持一定距离，根据需要可做单独纹样，也可做连续纹样。如北京艺术博物馆馆藏青色缎绣折枝花褂（图3），淡粉绿的折枝花以彩绣的形式装饰在元青色的缎底上，排列稀疏规则，颜色跳跃，不显呆闷。整件服饰虽然层次感并不丰富，但是显出女性沉稳内敛、落落大方的特性，很可能是位年长者女性所穿。蓝色缎织折枝花纹琵琶襟马褂，主体的蓝色绸缎上装饰的折枝花虽也用淡蓝色为主色，但用黑边装饰，不但强化了花卉的视觉感，且晕染的方式表现出强烈的立体感，栩栩动人。从这件女服饰可以观察到，即便是整件服饰都采用同一色相作为设计元素，表现花卉的方式仍然可以多种多样，足以见得人们的聪明智慧和审美观念。

 以牡丹花、莲花为主体，融合菊花、石榴花等多种花型构成的宝相花纹样始于隋唐，寓意吉祥、美满、富贵，是中国传统花卉纹样的典型代表。宝相花纹样外形工整丰满，结构对称严谨，花瓣呈规律性渐变，以非写实性、程式化为造型特征，构成意向性的装饰花朵纹样，是清代服饰纹样中常见的装饰纹样。团花纹指以各种纹饰构成的外形圆润的团状纹样，内以四季花草、飞鸟鱼虫、吉祥文字、龙凤等纹样构成，象征着吉祥如意、一团和气。团花纹在隋唐时期已经成为常见纹样，是中国传统纹样的经典样式。除了单独构成纹饰外也可与戏曲人物共同构成纹样，如北京艺术博物馆馆藏红缎绣团花人物纹袄（图4），红色素缎面料，彩绣十个团花，其中正面五团，背面五团，不同的团花外饰不同花型和颜色，里面装饰的人物故事也完全不同，同样的团花形式，不同的团花内容使整个服饰整体而又富有变化。

 牡丹花因其造型雍容华贵，成为美丽富贵的象征，其纹饰被人们用来表达对富贵吉祥、幸福美满的人生追求。牡丹纹更是在服饰纹样中出现频率最高的花卉纹之一。其中最为著名的有凤穿牡丹纹：牡丹花为花中之王，凤为鸟中之王，牡丹花与凤二者组合意为光明、吉祥、富贵、美好，也比喻婚姻的美满。北京艺术博物馆馆藏的本色缎绣石榴佛手凤穿牡丹纹云肩（图5），以本色素缎为底，橘红色刺绣滚边，四片分别装饰不同纹样，上面彩绣石榴、佛手、凤穿牡丹、茶花等作为装饰，主图上的凤凰飞舞盘旋于富贵的牡丹花丛间，使整

6

7

个云肩更加灵动飞舞。

- 在植物纹样中还有一些果类图案，它们多是一些形态娇媚的果品，如寿桃、佛手、石榴等果类图案。桃实纹是以桃实、桃花、桃叶构成。中国人自古以来称桃实为仙桃，寓意吉祥福寿，常用来表达对长辈的祈福与祝愿。[1] 北京艺术博物馆馆藏的藏蓝缎绣桃实纹云肩（图6），以藏蓝色缎为底，主体彩绣蝙蝠、寿桃、双钱，寓意福寿双全。常见的石榴纹是偏写实性的石榴果实的形象，或作折枝形，或单独成纹，或与其他纹样搭配结合融为一体，多突出刻画石榴的多子。石榴有"榴开百子"，被视为子孙众多的象征，成为生殖和繁衍的纹样，包含多子多福的愿景。北京艺术博物馆馆藏的木红缎绣花蝶石榴纹云肩，图案绣有蝴蝶、寿桃、石榴、莲花、鲶鱼等吉祥纹样。葡萄纹是缠枝纹的一种，缠枝纹是一种以藤蔓、卷草为基础提炼而成的传统吉祥纹样。缠枝纹通常以常青藤、紫藤、葡萄、金银花等藤蔓植物为骨架，向上下左右四面旋转延伸，循环往复，变化多样。它也可与不同的花卉组成不同纹饰，常见的有"缠枝葡萄"。[2] 如馆藏的青色缎盘绦绣葡萄纹褂，衣服主色面料为青色缎，衣边部位由浅蓝色、雪青色缎盘绦绣卷叶葡萄纹做装饰，绿色的藤蔓和紫色的葡萄使整个深青色的袍服灵动起来。

（2）动物纹样

- 自然界中的鸟的纹样是传统纹样中最常用的动物纹样。鸟以绚丽多彩的羽毛和丰富多样的造型，在视觉上呈现出优美、生动的形象特征。在中国的传统文化中不同的鸟也有不同的寓意：喜鹊比喻喜事，仙鹤比喻吉祥长寿，鸳鸯比喻长相厮守的恩爱夫妻，孔雀比喻吉祥美丽，龙凤象征婚姻美满、富贵呈祥等。如粉色绸盘金绣龙凤海水纹阑干裙（图7），裙的底部用金线刺绣龙凤上下飞舞，配以海水江崖为辅。红色暗花绸绣云鹤纹衬衣，黑色装饰边的石青缎上绣云蝠团鹤纹。鸟还可与各式花草植物构成丰富的图案造型，常用来表现女性的优美可爱。比较典型的纹样有喜鹊登梅，又称"喜上眉梢"，绘喜鹊立于梅枝之上，喜鹊的"喜"与梅花的

---

[1] 赵丰、汪芳：《中国古代丝绸设计素材图系》，浙江大学出版社，2016年，第8页。

[2] 周珍珍：《对"葡萄纹"的一点认识》，《法治与社会》2009年10月（下）。

8　　　　　　　　9

"眉"寓意喜事临门。

- 蝴蝶因其曼妙的身姿，灵动斑斓的外表，深受女子的喜爱，因此多用于女性服饰纹样中。而由蝴蝶组成的吉祥纹样，所蕴含的寓意更是囊括了女子一生各个阶段的美好期盼，从繁衍子孙到美好爱情，再到美满婚姻，长命百岁，足以证明蝴蝶纹样在吉祥纹样中的重要地位。蝴蝶与瓜和藤蔓相结合寓意子孙绵延。如红色提花绸绣仙人骑鹿肚兜，四角在黑绒地上挖花绣瓜、蝶、卷云纹，图案寓意瓜瓞绵绵。蝴蝶常穿插于各种花间似近似离，结合组成"蝶恋花""花蝶纹"。如北京艺术博物馆馆藏的粉色花蝶纹暗花缎对襟坎肩（图8），外层淡粉色面料上有蝴蝶、牡丹、荷花，内层为淡绿色折枝梅花蝴蝶团凤纹绦子，夹层为青色卍字花蝶纹绦子，纹样造型灵动、流畅。石青缎绣花蝶纹褂，面料为石青缎，彩绣牡丹、梅花、玉兰、菊花、茶花、蝴蝶等；水粉色暗花绸绣花蝶鱼鳞裙，则饰有水粉色牡丹及喜鹊、花蝶翩翩飞舞，水粉色的裙子配有的浅色刺绣使年轻女子看起来水灵动人。宝蓝花蝶皮球花闪缎裤（图9），宝蓝色地上绣粉红色皮球花、墩兰、蝴蝶纹，颜色对比强烈。

（3）人物纹样

- 人物纹样属于传统的织绣纹样。最为常见的人物纹样有神仙、美女、童子、天官、寿星、百子图等，往往寄予美好的愿望和期许。在吉祥图案中还有很大一部分是戏剧人物和戏剧故事的人物造型，戏剧中包含对人生价值的探讨，对社会观念的判断，以及在伦理、道德方面的启迪，这都是生动的教材。通过戏剧人物和戏剧情节的图像则可对人起到提醒、教育与审美是愉悦合而为一的作用。如：三顾茅庐、刘海戏金蟾、莺莺烧香等。这些题材均广泛地运用于民间的服装和男女的巾帽、衣裙、鞋履等。北京艺术博物馆藏红缎绣团花人物纹袄，团花主体为戏曲人物，且人物形象完全不同；红色提花绸绣仙人骑鹿肚兜，以红色提花绸为底，中间绣仙人持杖骑鹿，拐杖上挂葫芦，并有仙鹤相随，寓意"福禄寿"。

（4）器物纹样

- 器物纹样虽不及植物、动物题材的纹样那么频繁出现在服饰与装饰织物中，但也是传达寓意、渲染语境不可或缺的纹样。如反映宗教寓意的杂宝纹，是以金锭、银锭、宝珠、琉璃、玛瑙、珊瑚、犀角、象牙、法轮、卍字、祥云、灵芝、卷书、葫芦、鼎等源于民间传说和宗教习惯的宝物为题材，因数量较多且能够任意组合，故称"杂宝"。源于佛教物象的八宝吉祥纹，分别是法螺、法轮、宝伞、宝盖、莲花、宝瓶、双鱼、吉

10

祥结象征佛教的威力。暗八仙纹取自神话中八仙手持的宝物，即汉钟离的扇子、吕洞宾的宝剑、铁拐李的葫芦、曹国舅的玉板、张果老的鱼鼓、韩湘子的神箫、蓝采和的花篮、何仙姑的荷花，是中国民间比较钟爱的传统纹样。如鹅黄色云鹤八宝暗花缎袄，面料为鹅黄色暗花缎，主体纹样云鹤八宝纹，八宝又称八吉祥，亦称"佛八宝"。表现文人雅士志趣的博古纹是指古代的器物，包括花瓶、盆景、书画、文房四宝等，常用来寓意高洁清雅的文化品行。红色暗花纱彩绣博古插花阑干裙（图10），红色暗花实地纱为底，裙门彩绣博古插花图，博古器皿有炉、瓶、罐、尊、盆，插花有菊花、海棠、灵芝、牡丹、水仙，寓意清雅高洁。

2 以谐音表示的吉祥图案

谐音表义，就是"由一个词语联想到与它音同或音近的另外一个词语的语义，而且以后者的语义为主要表达义"。[1] 谐音作为一种语言现象，在各种语言中都普遍存在。但在汉语中这种状况尤为突出。一方面是汉语丰富的同音词，为谐音表义提供了语音条件；另一方面，汉民族的传统文化心理也是谐音现象多发的原因。汉民族思维比较感性，讲究对称，注重成双，习惯联想，善于比附。吉祥图案选用谐音表义的方式，也正是利用了这种思维特点，单看画面是一幅美景，思量含义又别有洞天。

如猫与蝶相戏的图画，活泼可爱妙趣横生，因"蝶"谐音于"耋"，其寓意在于"耄耋"长寿，多用于年长女性的服饰中。

蝙蝠因为与"福""富"谐音，成为中国传统的装饰题材。蝙蝠纹的造型多表现为张开的翅膀，结构对称，配以卷曲的外形，如祥云般优美。通常蝙蝠纹多用于长者的服饰纹样中，寄托了美好的祝福。典型的如"五福捧寿"，以五只蝙蝠围绕"寿"字与寿桃代表长寿，纹样寓意富贵长寿，寄托吉祥的祝福。"五福捧寿"纹多呈现对称、完满的刃状，静态的寿纹与张开翅膀的动态蝙蝠形成对比。[2] 鹿寓意为"禄"，百合、柿子和如意，寓意为"百事如意"。莲花又称荷花，与"和"字谐音，所以在中国民间有和气、和谐、和好的美好寓意。而同时，莲花又因"莲"与"连"谐音，还象征着生殖繁衍。北京艺术博物馆藏枣红色福在眼前暗花缎

---

[1] 道尔吉：《谐音表义的文化内涵》，《内蒙古社会科学》2000年第5期。

[2] 许仲林，邬红芳：《明清时期服饰吉祥纹样研究》，《山东农业工程学院学报》2017年第34卷第3期。

11

12

一字襟坎肩，枣红色暗花缎面，暗花纹样为蝙蝠衔着双钱，"蝠"与"福"同音，"前"与"钱"谐音，此图案寓意幸福已到眼前。湖蓝暗花缎绣吉庆有余坎肩（图11），面料为湖蓝色折枝花暗花缎，前襟粉色丝绦钉线绣磬、双鱼，"磬"与"庆"谐音，"鱼"与"余"谐音，图案寓意吉庆有余。

3　以文字为纹样的吉祥图案

双喜纹、寿字纹、福字纹、禄字纹，这些都是以汉字为基础的吉祥图案形式。之所以把它们看作是图像，是因为它们在特定的时间和空间范围内，或经历了一定形状的变化后，所表达的内容已经远远超出了作为一个汉字所表达的单纯内涵，成为一件吉祥图案艺术品。

以"寿"字为例，简简单单一个寿字不足以称之为图像，而将其用篆书写成整体构造为圆形的结构，则为"团寿"，寓意圆圆满满、尽其福寿；将其写成竖长的字体，则为"长寿"，寓意健康平安、享尽天年。这种变化已经超出了汉字线条所表达的意义，而以基本构成形状的变化来加入新的内涵，可以说是已经经过了加工而成为了图像。此次展览中的宝蓝色寿字纹腰带，主体色为宝蓝色，几何纹内织明黄色篆书长寿字纹。长寿纹绑腿带，即是以不同颜色的寿字纹为装饰图案，寓意长寿。绛色织金纱团寿纹袄，面料为绛色织金纱，捻金线织团寿纹规则排列在主色面料上，显得沉稳大气。宋代就有"百寿图"，默写古今各种寿字一百个，成长方形或者圆形布局，常作于瓷瓶，建筑等装饰纹样。

除了单独的"寿"字纹也有与其它纹饰相组合形成的，如五福捧寿，既有五只蝙蝠围绕一个"寿"字，组成圆形或者方形图案，含有富贵长寿之意。五福是指五种福运。《书·洪范》云："五福：一曰寿，二曰福，三曰康宁，四曰攸好德，五曰考终命。"亦有用桃代寿，用蝙蝠、佛手、桃子，如意头组成图案，寓意"福寿如意"，多用于民间男女衣服、配饰等，尤以祝寿为主的服饰。双喜纹，又称"双禧""囍"，为字花的一种。由两个"喜"字构成的"囍"，是一个特别的字。双喜纹寄寓"双喜临门""喜上加喜"之意，多与鸳鸯等吉祥纹样组合运用，表示恩爱和欢愉，常见于婚嫁喜庆服饰中。福字纹，由不同个"福"字写法构成的装饰图案，寓意多子多福。卍字纹，即用"卍"字向外延伸组成的四连续纹样，表示长久之意，多做纹样边式或底纹，用于德高望重的长者服饰中。如红绒地贴打籽绣博古图阑干裙（图12），边饰花绦和青色缎地盘金绣卍字朵花纹宽边作为裙子的装饰。

三 清代女性服饰图案中寓意吉祥的文化特征

1. 不只是作为女性，甚至是所有人追求理想生活的展现。吉祥图案不仅在宫廷中女性服饰上比比皆是，在文人画中也占有一定席位，但其内容中透露的立场和期望还是更加趋于平民化。其图像是与百姓生活息息相关的，人生利益、岁时节日、日常装饰……它是自然的，活态的，且生机勃勃的，有表现生命繁荣期冀的子嗣兴旺的图像，有表现对人生命长存的渴望的寿文化等。吉祥图案所表现出来的生活理想几乎涵盖了生活的每一个方面。如在日常生活中，"莲花"仅指代一种植物，而在吉祥图案的象征系统中，莲花作为一种原型却可以象征女性、象征多子、象征高洁，可以表示"连"续、可以表示清"莲"，甚至在某种程度上可一指代佛教……通过诸多的图像，莲花扩展为吉祥图案中的一种具有整体性的原型。这时的吉祥图案忽然一下子从日常生活可有可无的琐碎中跳跃出来，它所承载的内涵是深厚，表现的理想是厚重的。[1]

2. 表现女性对美满婚姻的渴望。婚姻被人们称为"终身大事"，足以看出人们对和谐婚姻的期望。内容侧重于几个方面：以恭祝婚姻的喜庆吉利，如双喜字、喜鹊登枝、喜上眉梢、富贵姻缘等；二是对早日生子的渴望，如早生贵子等；三是对婚姻和谐和长久的祝福，如鸳鸯和气、夫荣妻贵、长春白头、百年好合、和合如意、花好月圆、龙凤呈祥等。

3. 表达对平安如意的祈祷。马上平安、平安如意、四季平安、富贵平安、岁岁平安……这些吉祥图案大多以瓶子为"平"的谐音，经过简单的组合构图以表示人们的期望。

4. 清代的女性服饰中吉祥图案及纹样中含有丰富的文化底蕴和特有的艺术审美，不仅有表现女性独有的温柔恬静、大气端庄的性情之美，而且也有表现女性孕育生命、子孙繁衍的社会和家庭责任之美。然而这些吉祥图案的运用并没有随着时代的变迁而逐渐消失殆尽，某些纹饰经过特定的转变还在当代女性的生活中常常被使用，比如各种花、蝶等图案。所以看待这些吉祥纹饰图案不仅仅要关注它们在特定的历史和场合下的意义，还要看到其在当代生活中的变化，将其同现代生活和现代的理想结合起来，才更加具有实际的意义。

---

[1] 尹笑非：《中国民间传统吉祥图像的理论阐释》，上海世纪出版集团，2009年版，第54页。

浅识『锦衣罗裙——京城西域传统服装联合展』里的清代女性汉服

北京艺术博物馆 高飞

摘要

清代女性汉服保存着明代穿衣习俗，多以上衣下裳或上衣下裤为主。袍服的种类众多，上到皇族、达官贵人，下至平民百姓。不同场合穿着不同的，极其讲究。特别是晚清，满汉文化融合后，旗袍的普及，成为了近代女服的经典款式。裙，纹式、款式多样，色彩斑斓，富有寓意；云肩，为小型服饰，披于肩上，款式多以各种叶式、如意为主，十分招女性喜欢；裤，清称其"套裤"，从清初的膝裤式，到晚清的宽大式的套裤，整体款式变化不大；衫，清代延续明代衫的形制。

关键词 袍服 裙服 裤

2018年8月，我馆与哈密市博物馆在哈密市联办"锦衣罗裙——京城西域传统服装联合展"，出借清代服饰藏品90套，展品大部分为清代女性汉族服装，主要包括裙服、袍服、裤子等几大类。

清代初期的服饰政策为两方面：一方面强制汉人改装易服；一方面又推行"十从十不从"的缓和政策，造成清初女装的满、汉两种服饰形态并立的局面。其汉装与满装有着显著的区别。汉族女子在清初，尚保存着明代习俗，多以上衣下裳或上衣下裤为主。宫廷后妃命妇以凤冠、霞帔作为礼服。普通妇女则穿披风、袄裙。披风是清代妇女的外套，作用与男褂相似，其制为对襟、大袖、下长及膝。披风之上，装有低领，点缀着各式珠宝。披风的里面，还有大袄小袄，小袄是妇女的贴身内衣，颜色大多用红、桃红、水红之类。妇女的下裳，多为裙子，颜色以红为贵。裙子的样式，多为凤尾裙及月华裙等。清末，在普通妇女中间，还流行穿裤。而满族女子则一直穿不分衣裳的长袍。随着民族融合的加强，到清代中后期的时候，女装呈现出满汉服饰文化相融的特征。

以下重点介绍几类服装。

一 袍服

袍，最早出现于魏晋时期，是一种叫"襜褕"的深衣类服装改良而来。原来袍是一种纳有絮绵的内衣，最初只穿在里面。汉代，妇女燕居，袍服穿露于外。也是这时起，袍服从常服用了作朝服，连皇帝也可穿着。隋唐是袍服盛行时期。从初唐开始，黄袍被定为帝王之服。其官袍也以"紫、绯、绿、青"四色分等级。清代袍服深受金、元、明、后金时期袍服的影响，在款式方面与后金一脉相承，有着典型的游牧民族文化特征，面料、装饰等方面深受明代影响，并有继承和发展。

清代女性袍服主要有朝袍、吉服袍、领袖袍、旗袍。

朝袍：主要为清代皇后、妃嫔及命妇所穿的朝服。分冬夏两式，穿时需各按等级着。

吉服袍：其为圆领、大襟、马蹄袖、四开裾长袍，中晚期的绣九龙十二章吉服也称采服，其等级略次于礼服，用于劳师、受俘、赐宴等一般典礼。因袍面多以龙为图案，也被称为龙袍。[1]

---

[1] 赵波：《清代袍服研究》，《服饰导刊》2016年8月第5卷，第四。

1　　　　　　　　2

领袖袍是清代妇女礼服。妇女袍褂皆为长款，不似男服之长袍短褂。有时穿袍不套褂，谓之领袖袍，亦得挂朝珠。

旗袍，是一种长袍。原指旗人所穿之袍，包括官吏的朝袍、蟒袍及常服袍等。后专指妇女之袍，其名始于清。按清代礼俗，皇帝、百官参加祭祀、大典或朝会，均穿长袍。命服礼服，各依其夫，亦以袍服为尚。唯有在日常家居时可著襦裙。至于八旗妇女，即便在家居时，亦着长袍。久而久之，凡八旗妇女所穿长袍，通称旗袍，而用作礼服的朝袍、蟒袍等服，则不属旗袍范畴"[1]。清末满汉文化更加融合，汉女子也可穿。

紫色缎打籽绣花蝶纹袍（图1）

二　裙服

裙，古义作"帬"，二意：一指披肩，另指下裳。为便于区分，着在下体的裙，以称之为"下裙"。又因与群字相通，群者，多也。早期布帛门幅狭窄，一条裙子通常由多幅帛拼合而成，故称之为"裙"。东汉以降，裙子不仅用于女性，也用于男忄生。南北朝后，专用于妇女。最早裙式为筒裙，隋唐五代贵族妇女中盛行笼裙，百姓妇女惯穿裙围。宋明时期盛行长裙。清代裙子有凤尾裙、月华裙、弹墨裙、鱼鳞百褶裙等。按照清代的风俗，裙子的颜色以红色最为吉祥，所以在婚嫁、节日等庆典时，女子一般都穿红色裙子。不过，寡居的女人和姨太太，无论什么场合都不可以穿红裙。

凤尾裙：此裙出现于乾隆时代，按李斗的《扬州画舫录》中所说，"裙式以缎裁剪作条，每条绣花，两畔镶以金线，碎逗成裙，谓之凤尾"，就是说，裙子用缎子裁成细条，每条上面作刺绣，两侧镶上金线，再组合成一条裙子，称为凤尾裙。有三种类型，第一种是裙腰间下缀绣花条凤尾；第二种是在裙子外面加饰绣花凤尾，每条凤尾下端垂小铃铛；第三种是上与下裙相连，肩附云肩，下身为裙子，裙子外面加饰绣花凤尾，每条凤尾下端垂小铃铛。

镶蓝色缎边彩条凤尾式马面裙（图2）

---

[1] 赵波：《清代袍服研究》，《服饰导刊》2016年8月第5卷，第四。

3

4

5

　　月华裙：裙名出于明末，因当时裙子的装饰日益讲究，裙幅也增至十幅，并将其打出数十道细褶，每道细褶用一种颜色，在每个褶裥之内轻描淡绘各种花纹图案，色彩娴雅。微风吹动，在一裥之中五色俱备，好似皎洁的月华呈现耀眼光华，因此得名。

　　鱼鳞裙：此裙以数幅面料制成，形同百褶裙，为了使裙子的细褶长期不走形，在每褶之间用丝线交叉相连，穿着者行走转侧时细褶能展能收，呈网格状，形如鱼鳞。故被称之"鱼鳞裙"，也称"百褶裙"，流行于晚清同治年间。

　　水粉色暗花绸绣花蝶鱼鳞裙（图3）

　　弹墨裙：通常以浅色绸缎为面料，制作前将布料展开，放上各种树叶、花瓣，然后用弹墨工艺在花、叶周围喷洒黑色，去掉树叶、花瓣之后，即显现出黑底白花。因造型生动，色彩素雅而深受广大妇女的青睐，尤其为士庶妇女所崇尚。

　　侧褶裙：为晚清满汉两族妇女的常裙。其特点为两侧打褶，其褶比百褶裙宽肥，每褶都镶花边，形同栏杆，故称之。也称阑干裙。

　　杏黄缎彩绣瓶花纹阑干裙（图4）

三　坎肩

　　坎肩，又名紧身、搭护、背心，为无袖短身的上衣，式样有一字襟、琵琶襟、对襟、大捻襟、人字襟等数种，多穿在衬衣、旗袍的外面。《清稗类钞·服饰类》记载："半臂，汉时名绣裾，即今之坎肩也，又名背心。"吴语称为马甲。

　　粉色花蝶纹暗花缎对襟坎肩（图5）

四　云肩

　　云肩，起源于"披领"，即披搭在领肩的小型服饰，以质地厚实的布帛为之，制裁成方形、圆形或菱形，中部挖一领口，以承颈项；领口的正前部位开以直襟，使用时围系于颈，披及肩背。其产生年代不详，目前所见最早的图像资料是敦煌隋代壁画。金代时因披肩常被裁制成如意头式，前后左右各饰一硕大的云头，寓"四合如

6　　　　　　　　　　　　　　7

意"之义，因形得名，俗称云肩。元代开始云肩的使用更为普遍。清代的妇女，承继前代遗俗，也喜欢用云肩，属妇女专用。其款式有四合如意式、柳叶式、莲花式、璎珞式等。其层次丰富，有两层四片、八片垂云、两层十二片如意云头、单层十片柳叶等。

本色缎画花蝶纹四合如意式云肩（图6）

五　裤

裤，古时写作"袴"或"绔"。据考古发现，商周时期人已穿裤。那时的裤子都被做成两只裤管，其形制与后世的套裤相似，上达于膝，下及于踝，着时套着胫上，以绳带系缚，故又被称为"胫衣"。秦汉时期有了长裤，起源于赵武灵王"胡服骑射"。西汉时期，宫廷中出现一种穷裤，是长裤改的。这种裤子上达于股，下覆于胫，两股之间加前后裆，但不缝缀，以多条细带系缚。魏晋南北朝时期是裤子的盛行时期，长裤也变得大众化。唐代妇女喜欢穿裙，再配长裤，当时为尚。两宋流行膝裤，就是一种胫衣，男女均穿。明代妇女穿着膝裤多以锦缎为之，制为平口，上达于膝，下及于踝，着时以带系缚于胫。清代膝裤式制延续于明代，但称为"套裤"，因为其长度已不限于膝下，也有遮覆于大腿者。清初时上下垂直，呈直筒式；清中期变为上宽下窄，裤管的底部紧裹于胫，为了穿着方便，多在裤脚下部开衩，着时以带系结；晚清时，又崇尚起一种宽大的套裤，裤管之大比原先翻倍。[1]

宝蓝花蝶皮球花闪缎裤（图7）

五　衫

衫，相比其他类服装出现较晚，为东汉末年的产物。其出现和普及，与当时的社会风尚有着密切关系。魏晋时期，战争连年不断，士人任情不羁，放浪形骸，其日常家居以袒胸露脯为尚。而女衫，还是以长衫为主。南北朝以后，受胡服的影响，长衫又崇尚起窄袖，直至盛唐。晚唐五代，人们又重新穿起宽松之服。其女衫，往往被

---

[1] 高春明：《中国服饰名物考》，上海文化出版社，2001年，第618—627页。

8

裁制的异常宽博，走起路来衣裾扫地，引起朝廷不满。唐朝政府对民间男女的衣衫尺寸做出具体规定。宋人的衣冠服饰趋向于拘谨和保守。穿着罗衫时，又加有衬衣，有时在衫子里面缀上一层衬里，做成夹衫的形式。因袖子宽大的缘故，宋代妇女所穿的衫，名为"大袖"。两宋时期，与大袖并存的另一种衫子叫"背子"，其形制与大袖略似，只是衣袖不如大袖宽，着时罩在襦袄之外，或衬在大袖之内。明代妇女既用背子，也用大袖。大袖多用作礼服，背子则用作常服。清代延续明代衫的形制。[1]

浅蓝色纱绣五彩花卉纹衫（图8）

通过对此次展览里的清代女性汉服的浅识，了解了清代女性汉服的特点、款式及发展经历，也对本馆的服装类藏品有了进一步的了解，为以后的精细化整合藏品类别工作打下了基础。

---

[1] 高春明：《中国服饰名物考》，上海文化出版社，2001年，第542—548页。

1　　　　2　　　　3　　　　4　　　　5

一条纽带贯中西
——浅析印度笈多艺术对北朝造像服饰的影响

北京艺术博物馆　赵伶

摘要

中国的南北朝时期（420—589年）正值印度笈多王朝的鼎盛时期，同时南北朝时期也是中国佛教艺术迅速趋于繁盛的时期。北朝佛像的衣饰颇具特色，身披的袈裟呈U字形均匀地分布在佛像的胸前。那么这样的衣纹样式从何而来呢？任何一种造像样式都不是凭空就有的，众所周知佛教起源于印度，那么自然印度的佛教艺术一定也会在不同层面影响着中国造像。一条丝绸之路将印度艺术带给中国，中国的艺术家们又将他与中国传统文化相融合，完美地创造出了具有民族特色的沉静内省的北朝造像艺术形式。

关键词　笈多艺术　北朝　丝绸之路

在北京艺术博物馆的佛造像帐目上注明了几件南北朝时期的造像（图1-5），他们的衣纹特点：均着通肩袈裟，袈裟顺双臂而下，垂搭于身体两侧，呈U字形的衣纹均匀地分布在胸前，这种U字形的衣纹只有在南北朝的造像中表现的尤其突出。

那么这样的衣纹样式从何而来呢？任何一种造像样式都不是凭空就有的，众所周知佛教起源于印度，那么自然印度的佛教艺术一定也会在不同层面影响着中国造像。追根溯源，我们在学习研究中国造像时看到，南北朝时期正值印度笈多艺术发展的鼎盛时期，通过中印两国的文化交流，南北朝时期佛教造像更多地受到了印度笈多造像艺术的影响。

与中国南北朝时期相对应的印度笈多王朝（320—600年），他是继孔雀王朝之后又一个统一印度的大帝国，而且孔雀和笈多两大王朝是印度历史上仅有的两个印度人自己建立的统一大帝国，笈多时代被誉为印度艺术的黄金时代。

笈多时代佛像雕刻的两大中心是马图拉和萨尔那特。相比萨尔那特，马图拉的造像艺术对我国北朝造像，特别是北朝造像的衣饰表达有着更为直接和深远的影响。早期的马图拉佛像雕刻明显受犍陀罗雕刻技法的影响，至公元二世纪后半叶，他结合印度本土传统逐渐向笈多样式的马图拉佛像演变。[1] 演变到公元四世纪以后的笈多时

---

(1) 王镛著：《印度美术史话》，人民美术出版社，1999年，第92页。

6

代，马图拉的佛像雕刻实现了印度本土传统与外来艺术高度完美的融合，创造了马图拉样式的"湿衣佛像"。现藏新德里印度国立博物馆5世纪的佛陀立像，堪称马图拉样式的代表之作。（图6）除了表现出佛陀沉静内省的超脱气质外，更引人注意的是佛像的衣饰特点：佛像身披通肩袈裟，纤细密集的衣纹呈U字形均匀地自双肩而下，薄薄的纱衣紧贴着身体，好似被水浸湿了一样，隐隐约约可以看出佛的身体轮廓。这种半透明的"湿衣"效果，更增强了佛像朦胧、含蓄和充满神秘的美感。

纵观笈多时期马图拉的佛造像样式，我们不难看出马图拉造像更多体现在佛陀的沉静内省的内在精神气质，而笈多时期的马图拉造像的衣饰也颇具特色：身披的袈裟呈U字形自上而下均匀的分布，一袭薄薄的纱衣紧贴着身体，犹如被水浸湿了一样，只能隐约看出佛陀身体的轮廓，呈现出半透明的"湿衣"效果，这种衣饰的表现效果更增强了佛陀内在精神的表达。印度笈多时期的造像艺术最突出的贡献是他在接受西方文化影响的同时，将西方文化和印度的本土文化相融合，进一步突出造像的印度化，开启了纯粹的印度造像模式。笈多时期的马图拉造像的这种衣饰特点对北朝时期佛像衣饰表现有着更直接和深远的影响。

中国的南北朝时期（420—589年）正值印度笈多王朝的鼎盛时期，同时南北朝时期也是中国佛教艺术迅速趋于繁盛的时期。那么笈多艺术是怎样传入呢？在南北朝造像中如何看出他的影响？

一 笈多艺术的传入

一条纽带贯中西，丝绸之路在汉代以前就存在于中西方之间，因为中国盛产的丝绸一度在中西方贸易中占有重要地位，所以将中国与中亚、南亚、西亚、地中海地区以及海上连接的朝鲜半岛、日本、东南亚等地的往来之路统称为"丝绸之路"，这条路不仅促进了东西方贸易的发展，更带来了东西方文化的交融。自然这条"丝绸之路"亦将印度的佛像艺术带到了中国。

佛教何时传入中国，众说纷纭，实难确定。但根据信史的记载，佛教传入汉地，当在两汉之际，即公元前后。它是通过内地与西域长期交通往来和文化交流的结果。佛教东传至我国内地，历来有两条通道：北面沿陆上丝绸之路；南面是海上丝绸之路。

陆上丝绸之路，大致东起汉代长安，西行上陇坂，通过河西走廊的武威、张掖、酒泉、敦煌四郡，出玉门关或阳关，穿过白龙堆，先到楼兰。汉代西域有南北两道，楼兰是两道的分岔点。北道自此向西，沿孔雀河至渠犁

（今新疆库尔勒）、乌垒、轮台，再西经龟兹（今新疆库车）、姑墨（今新疆阿克苏）至疏勒（今新疆喀什）。南道自鄯善的扜泥城，西南沿今车尔臣河，经且末、扜弥、于阗（今新疆和田）、皮山、莎车至疏勒。丝绸之路的基本走向奠定于两汉时期。海路的开辟比陆路晚些，东汉以后才开始开辟，海路是指经由斯里兰卡、爪哇、马来半岛、越南而至广州，再进一步传到内地。[1]

据中国佛教艺术家吴焯考证，佛教传入西域的南北两条路线可归纳为："南道于阗等地系由犍陀罗中心地区通过克什米尔即迦湿弥罗（罽宾）传入；北道龟兹等地系由巴米扬一线向东，或由罽宾北上经犍陀罗中心地区至迦毕试，再由迦毕试向东传入。"[2] 南北朝以来中印间的僧人、商旅、使者、工匠正是通过这南北两道将犍陀罗和笈多艺术直接或间接地传入中国西域，从而再继续向东传入我国内地。

东晋著名的求法僧人法显，实现了从陆路游历印度，持经像由斯里兰卡经南洋群岛航归的伟大旅行。汤用彤先生曾说："晋宋之际，游方僧人虽多，但以法显至为有名。"[3] 法显于公元399年（东晋隆安三年），从长安出发西行求法，经鄯善、于阗而度葱岭，历游天竺乌苌国（斯瓦特河谷）、宿呵多国（斯瓦特）、犍陀卫国（犍陀罗）、弗楼沙国（白沙瓦）、摩头罗国（马图拉）、鹿野苑（萨尔那特）等地。这些地区均系犍陀罗艺术和笈多艺术的中心地区。法显游历天竺之时犍陀罗艺术盛期已过，笈多艺术方兴未艾。[4] 公元408—409年法显到"多摩梨帝国，即是海口，其国有二十四僧伽蓝，尽有僧住，佛法亦兴。法显住此二年，写经画像"。[5] 多摩梨帝国在今印度东北部加尔各答西南的海口，距笈多艺术中心之一的萨尔那特较近。公元412年，（东晋义熙八年），法显持经像乘船

---

[1] 李正晓著：《中国内地早期佛教造像研究》，《宗教学研究》2013年第3期，第4页。

[2] 吴焯著：《佛教东传与中国佛教艺术》，浙江人民出版社，1991年，第159页。

[3] 汤用彤著：《汉魏两晋南北朝佛教史》，中华书局，1983年，第270页。

[4] 王镛主编：《中外美术交流史》，中国青年出版社，2013年，第26页。

[5] 章巽校注：《法显传校注》，上海古籍出版社，1985年，第146页。

7　　　　　　　　　　　　　　8　　　　　　　　　　9

泛海东还，长广郡太守李嶷闻讯派人到海边迎接。[1] 这可能使笈多艺术佛像传入中土。

从东晋僧人法显西行求法开始到南北朝时期中国僧人不断的西行求法，带动了中印两国僧人的频繁往来，从而极大促进了中印文化艺术的交流，有史书记载印度室利笈多王为安置日益增多的中国游僧，距那烂陀寺东四十驿处，曾造蜜粟伽钵那寺。[2] 同时笈多王朝借助政治和文化的强大实力，使印度佛教及其艺术第一次从这条丝绸之路大规模地进入中国。此时的中国佛教无论是义理上还是造像上，大多接受来自笈多王朝的影响。

因为有了丝绸之路南北朝时期中印两国僧人频繁交流，将笈多艺术带入中国的同时，促进了两国文化艺术间的相互交流与影响，以至使我们在研究鉴赏北朝佛造像中对印度笈多时期的马图拉和萨尔那特这两种经典的造像艺术形式并不感到陌生。

二　笈多艺术的影响

循着丝绸之路这一路走来，会看到丝路上的重要石窟造像都有笈多艺术的痕迹。首先新疆地区（古时称西域），龟兹石窟，古龟兹国位于塔克拉玛干大沙漠北缘，地处丝绸之路的交通要冲，随着公元一世纪佛教通过丝绸之路从印度传入我国西域，龟兹地区产生了最早的"西域佛教"，进而成为佛教传入中原的一个重要桥梁。在龟兹石窟中规模最大保存最完好的克孜尔石窟中的第175窟甬道内壁的比丘画像（图7），特别强调人体的显现，用优美的线条勾画出两条修长的腿，具有一种全透明的效果，而这正是笈多萨尔那特式佛像最典型的特征。

再如莫高窟中的第259窟北壁现存的一尊佛像（图8），跏趺端坐，头饰螺发，高发髻，身后圆形大背光，头后还有一个椭圆形的头光。佛像衣纹以细腻精致的阴刻线水波状衣纹均匀的分布在胸前、双臂及双腿处，有一种质地薄而紧贴身体之感。带有印度马图腊式佛像雕刻的特点。

又如具有同样衣纹特点的云冈石窟第19窟南壁的释迦牟尼佛立像（图9），此像跣足站立，顶现犹如馒头状的平滑肉髻，面庞圆润，双目低垂，面带微笑，双耳垂肩，身披通肩袈裟，袈裟的衣纹如同第17窟西壁龛内立佛

---

[1] 法显著：《法显传》，文学古籍刊行社，1955年，第44页。

[2] 杜继文主编：《佛教史》，江苏人民出版社，2006年，第162页。

的袈裟衣纹一样呈水波状U字形均匀的自双肩而下至脚踝处。右手在胸前施无畏印，左手怜爱的抚摸着罗睺罗的头顶，表现出释迦牟尼佛与儿子初次相见的场景。北魏的造像在孝文帝极力推行汉化的风气之下，风格渐由健壮敦实转向修长清秀。

总结

反观馆藏的北朝造像，将他们同新疆、甘肃再到山西云冈的这条丝绸之路上几处重要的石窟造像进行比对，笈多艺术的痕迹清晰可见：身着通肩袈裟，袈裟呈U字形的衣纹自上而下均匀地分布胸前，薄薄的纱衣紧贴着身体，只能隐约看出佛陀身体的轮廓，呈现出半透明的"湿衣"效果。这些特点恰都是笈多艺术形式中的典型特色。

中国的南北朝时期正值印度笈多艺术的鼎盛时期，同时南北朝也是中国佛教艺术迅速趋于繁盛的时期。往返在丝绸之路上的中印僧人、工匠、商旅们将笈多时期最经典最具有艺术特色的马图拉及萨尔那特的造像艺术形式带回中国，一条丝绸之路将印度艺术带给中国，中国的艺术家们又将他与中国传统文化相融合，完美地创造出了具有民族特色的沉静内省的北朝造像艺术形式。

浅析清代新疆地区服装面料的来源与品种

北京艺术博物馆 王淑珍

摘要

服装是人们生活的基本需求,在社会物质生活和精神生活中占有重要地位。服装亦呈现着一个时代的文化,并随着时代变迁而不断簇新。面料作为服装的材料,既可以诠释服装的风格、特性,也反映了当时纺织生产的发展水平,以及各民族间经济贸易的往来状况。本文试通过文献记载和实物资料,对清代新疆地区服装面料进行分析、归纳,为研究清代新疆服饰文化提供技术层面的依据。

关键词 丝绸之路服装 新疆服饰 新疆面料 新疆丝绸贸易

清代顺治朝,称新疆为西域,中原地区与西域通过进贡、赏赐、商业交易,互通服装面料。如西域的吐鲁番、哈密、厄鲁特等遣使进京,以驼马、貂皮、氆氇等朝贡;朝廷赏赐其缎、绢。而朝廷对西域来使,在京师置买纱、罗、缎、绢、青白布、夏布却规定了额数,限量购买。[1] 由此说明,这些纺织面料当时在中原很普遍,在新疆却很珍贵。至康熙朝,康熙帝三次亲征准噶尔,战事频仍,朝贡贸易受阻。然而,从清朝对西域用兵,军队官员携家眷同往的记载来看,新疆地区贵族服饰在汉、满、维等各民族间长期来往而相互效仿。如满族人富宁安,带领军队在哈密巴里坤驻扎,哈密地区本身就有着悠久的栽桑、养蚕、纺织历史,满清贵族家眷们在缝制衣服时,自然也会就地取材。从清代新疆服装遗存以及历史记载分析,其面料的来源有三种:新疆本地纺织的面料、中原地区纺织的面料、与周边国家贸易往来的面料。

一 新疆地区生产服装面料的历史

新疆古称西域,自东汉就开始学习内地的养蚕、治丝技术。如《后汉书·西域传》载:"……伊吾地宜五谷、桑、麻……"汉时的伊吾,即今日的哈密。继《后汉书》以后,各代史籍,都记载新疆有蚕桑。

迄至唐末五代十国时期,于田李圣天(912—940)派人带着当地的织品"胡锦"和"西锦"到内地交易。宋、辽时期,"胡锦"被视为名贵奇货,成为对内地中央王朝的贡品。元代,和田生产"捻金番缎",并输往内地和西方。明代永乐年间,西域的"胡锦"、玉和独峰驼一起作为贡品输往内地,然而,随着之后海上丝绸之路的开通,这里的蚕桑丝绸业由盛而衰。

直至清代乾隆二十二年(1757年)以后,中亚各国出现了贸易复苏的情况。新疆南部各地,几乎无处不桑。同治年间,左宗棠督办新疆军务,根据当时中亚情况和新疆的自然条件,审时度势、因势利导,大力提倡蚕桑。他还派祝应焘到浙江招募60多名蚕桑技术人员,携带蚕种器具来疆,教民以江苏、浙江一带的先进技术,以及织造诸法,并在疏勒设置蚕桑局,以事推广。

光绪末年,新疆布政使王树枏对丝织业采取了一系列的措施:改良蚕丝品质,调整织绸幅宽,面料花样翻

---

[1] 《清实录》新疆资料辑录,顺治朝卷康熙朝卷,新疆社会科学院历史研究所编,新疆大学出版社发行,2009年8月版,第3页。

新；主产易织的湖绉纺绸，放弃难织的宁绸贡缎。经过如此一番振兴以后，由于丝茧品质的改良，英俄商人竞相购运新疆丝茧出口。产、销两方面情况的改善，促成了新疆纺织业的再度繁荣。[1]

新疆维吾尔人在从事农业、手工业和商业的历史中积累了许多经验，并把这些经验整理成各种"经书"，其中与服装、纺织有关的经书有《织毡经》《制皮大衣经》《纺织业经》《织布业经》《缫丝业经》《织棉布经》《制裆裈经》《皮革经》《缝纫经》《染织业经》《染料经》《制作皮帽业经》《制鞋经》《鞋匠经》《纺织工人经》等。以上书目清楚地说明了清代维吾尔农业和手工业的发展程度。[2]

二 新疆朝贡清廷服装面料概览

维吾尔族在清朝称"回部"，唐时迁居今新疆，多分布于南疆绿洲。维吾尔族信仰伊斯兰教，其寺院建筑形式来自西亚和中亚。其工匠擅长丝织、地毯、金银、宝石镶嵌、紫铜等手工艺。丝绸中著名的有阿尔泌壁衍绸、经印染的窄幅丝绸织品以及马什鲁布，图案主要是几何纹和拜旦姆纹。

清乾隆二十四年（1759年），天山南北统一之后，回疆每年向清廷例贡，献出了当地产的绸缎、布匹。乾隆二十七年（1762年）以后，叶尔羌、和田及喀什噶尔等地的维吾尔传统手工业纺织品——"回布"（土布），开始大批地投放于伊犁的官方贸易中，而且成交额越来越大，完全取代了内地棉布的地位。清政府每年以赋税名义从南疆征收布匹达6万匹左右，后来增加到8万余匹。[3]

清嘉庆二十年（1815年）纂修完成的《钦定回疆则例》卷四（三）《哈密吐鲁番每年例贡折赏》记载："哈密、吐鲁番每年例贡进葡萄干、瓜干、绸子、布疋、手巾、小刀、磨刀石等物。"同时，清廷为激励镇守边疆的将领官兵，安抚新疆少数民族上层人物，常常赏赐他们大量的江南织造的精美丝绸。

1
罗绍文：《新疆蚕业史概述》，《蚕业科学》1982年3月，第41-43页。

2
阿达莱提·塔伊尔：《从地方文献看清代南疆维吾尔商业经济状况》，
新疆大学2007年硕士学位毕业论文，第14-15页。

3
康凤琴：《清代新疆南部地区的棉布征收制度》，《西域研究》
1992年第2期，第45页。

现疆丝于关伊兰回回料关料官历料桔如

上表中的"回回"服装面料，其艺术特色归纳如下：清代新疆地区服装面料色彩艳丽，红、黄、蓝、绿、紫等色都有生产。纹样以小团花纹、簇花纹、斜绦纹、几何纹为主，另有串枝花、缠枝花、折枝花、写实花卉纹等。由于新疆与内地的频繁交流，自乾隆朝到清代晚期，花卉纹样增添了许多中原纹样风格，如团鹤寿字纹、小团龙纹、云纹、绣团寿纹、绣百蝶金二团双喜字纹、绣彩云蝠八宝金龙双喜字纹、绣花蝶金勾莲纹、绣四季花果吉庆有余纹、绣彩云蝠杂宝金龟背纹、绣蝠暗八仙金勾云纹、绣二团火珠纹、团万字金斜条纹等。从面料的组织结构上分，其品种主要有：锦、暗花锦、织金锦、织银锦、织金银锦、棉锦、二色金锦；绸、暗花绸、织金绸、织银绸、织金银绸、妆花绸、织金妆花绸、印花绸；缎、暗花缎、织金缎、妆花缎、缎绣、素缎；布、织花布、印花布、绣花布；织金纱、妆花纱。从面料的形制上分析，以匹料、手巾料为主，也可能这些面料从新疆进贡到宫中后，裁制为各种用途，因此出现了怀挡、枕套、桌围、夹桌垫、夹桌面、床围、夹床围、衣服、夹袄、手巾等。

三　清朝历代赏赐新疆服装面料品种

《清实录》，全称《大清历朝实录》，内容选录了清代各时期的上谕和奏疏。此书记录新疆与清廷朝供、赏赍的与服装面料相关的信息300余条，且不包括"……遣使进贡，赏赍如例"等未能显示出面料品种的信息。从《清实录》中摘录与服饰有关的词语，可以管窥清代新疆地区贵族阶层缝制服装所用面料的状况。

1　顺治朝

- 顺治时期，朝廷赏赐新疆的服饰物品有：缎、蟒缎、帽缎、彭缎、补缎、纻丝、绢、布、毛青布等。

2　康熙朝

- 康熙时期，朝廷赏赐新疆的服饰物品有：彩缎、各色缎、礼缎、绢、袍、褂、猞猁狲袍、貂帽、御佩橐鞬弓矢、蟒袍、貂帽、金带、貂皮袍褂、银缎衣服、御用冠服等。
- （康熙三十五年二月己亥）"……特遣内阁侍读常明、理藩院司务英武为使，赐尔花缎二十匹、银茶桶、茶盆各一具，狐腋蟒袍一袭，貂帽一顶，玲珑鞶带一围，皮靴、蟒袜各一对，尔如有所欲言，其遣人偕使臣来奏。"（卷171，页847–848）
- （康熙三十五年十二月乙未）"哈密回子额贝都拉达尔汉白克遣使奏言，若噶尔丹来，臣等相机竭力擒之，若闻声息，陆续奏闻。上以其诚心内附，特赐蟒袍、貂帽、金带等物。"（卷178，页916）

3 雍正朝

- 雍正时期，朝廷赏赐新疆的服饰物品有：各色缎、蟒缎、朝衣、帽靴、皮袍褂、孔雀翎、蓝翎、缎布、元狐冠、貂皮马褂、貂皮短褂、炊袍、皮袄、皮帽、带等。

4 乾隆朝

- 乾隆时期，朝廷赏赐新疆的服饰物品有：妆缎、漳绒、宁绸、蟒缎、各色缎、锦缎、大缎、官缎、布、妆蟒缎、绒褐、毡毯、白布、印花布、彩缎、蟒锦、绸绫、元青素缎、小花线缎、荆花绢、荆素绢、摹本大缎、龙缎、南省绸缎、陕省秦纱、东省茧绸、貂皮、妆蟒锦缎、绒绸、库贮缎、织金蟒缎、漳绒等。物品有：荷包、天马褂、御用朝珠、金黄带、翎顶、三品翎顶、蓝翎、花翎、双眼花翎、双眼孔雀翎、三眼花翎、二品顶戴、三品顶戴、五品顶戴、五品顶戴花翎、六品顶戴、宝石顶帽、品级项带、珊瑚朝珠、冠服、棉衣、衣物、皮张、皮棉袍褂、衣帽、服饰、棉袄、毡衣、号褂、棉褂、帽、鞋、棉袜、皮袄、海龙皮张、黄马褂等。

- 乾隆二十三年三月甲午，"……哈萨克本年七月，应在乌鲁木齐等处交易缎布等项，经运赴巴里坤收贮。努三赴京，于前月过肃，询称交易人数不能预定，内地茶叶，不必备往，妆蟒缎匹等件亦不必过多，惟各色绒褐、毡毯、白布、印花布等件，宜多购备，已饬陕甘各藩司，办运巴里坤。交易有余，即散给彼处官兵，扣饷归款。"（卷558，页72）此条信息记录了新疆与周边国家贸易缎布的情况。

- 乾隆年间，江宁、苏州、杭州每年生产出来的大批绸缎锦料，除专供皇家内廷使用及一般商业交易外，还有相当一部分是作为运往新疆进行官方贸易之用。

5 嘉庆朝

- 嘉庆时期，鲜有记载赏赐具体面料，而以"赏赉有差"记录。

6 道光朝

- 道光时期，朝廷赏赐新疆的服饰物品有：缎匹、布匹、大卷八丝缎、八丝大缎、小卷五丝缎、翎顶、蓝翎、花翎、双眼花翎、三眼花翎、二品顶戴、三品顶戴、四品顶戴、六品顶戴、五品顶花翎、五品蓝翎、金顶、老羊皮马褂、小荷包、顾绣蟒袍、白玉翎管、宝石帽顶、两团龙补服、紫缰、佩囊、龙补一副、黄辫珊瑚豆大荷包、白玉巴图鲁翎管、玉扳指、章服、红宝石帽顶、两团龙补服、御用珊瑚朝珠一盘、四团龙补褂、御笔画扇、扇套、香袋、元狐马褂、缂丝蟒袍、大卷八丝缎袍褂料、大卷江绸袍褂料、元宝绸缎等。

7 咸丰朝

- 咸丰时期，朝廷赏赐新疆的服饰物品有：八丝大缎、花翎、蓝翎、双眼花翎等。

8 同治朝

- 同治时期，朝廷赏赐新疆的服饰物品有：蓝翎、花翎、三眼花翎、头品顶戴双眼花翎、四品顶戴花翎、二品顶戴等。

9 光绪朝

- 光绪时期，朝廷赏赐新疆的服饰物品方面，有多处记载，"……遣使来京请安，赏缎匹等物如例"。另有大缎、大小荷包、头品顶戴、赏穿黄马褂、赏戴花翎、赏加三品顶戴、先换顶戴并赏换花翎、赏戴蓝翎、三眼花翎、紫缰、花翎、黄缰、膝貂褂、双眼花翎等。

10 宣统朝

- 宣统时期，朝廷赏赐新疆的服饰物品有：赏穿黄马褂。

四 清代新疆维吾尔人与周边国家的贸易

南疆维吾尔人自古以来就与中亚各地有着贸易往来。乾隆二十四年（1759年）新疆刚刚统一，浩罕、安集延、玛尔噶朗（今写兹别克斯坦的城市）等地的中亚商人就前来贸易。《西域地理图说》记载："伯德尔格，乃携诸畜、绸缎、香牛羊皮、水獭、海龙、猁、羊等皮张及烟茶、糖果、药味、脂粉、镜箆等物，往各部贸易之人。"

随着南疆与中亚地区贸易的发展，乌什、阿克苏等地的维吾尔商人与中亚各地的经济往来日益密切，每年有大批维吾尔商人把南疆和内地的商品贩卖到中亚地区。前来南疆的中亚商人，除可以从维吾尔商人那里买到内地的茶叶、丝织品、陶器、大黄等货物之外，还可以直接与清政府进行丝绸和茶叶贸易。

据《新疆外藩纪略》的《郭罕》记载："时驱其羊数千或数万来叶尔羌贸易，归则携布、茶而去。"[1]

清朝统一新疆后，清政府对南亚商人实行免税，因此前来南疆的外国商人越来越多，他们有克什米尔人、巴勒提人、阿富汗人、犹太人、印度教徒、波斯人、西尔瓦人和鞑靼人等。

---

[1]（清）七十一（椿园氏）撰：《新疆外藩纪略》，上卷，第19页。

1

据"1876年喀什噶尔进口商品统计表"显示,新疆从俄国进口的纺织、服饰类商品有:俄国印花布、大红布、波里斯绒、黑色呢子、灰色呢子、制染料的植物根、棉花、皮带、线绳(金银线)等,其中大宗货物是俄国印花布,占总进口量的43%。据"1876年喀什噶尔出口商品统计表"显示,新疆向俄国的欧洲部分和土尔克斯坦边区出口的纺织、服饰类商品有:上等丝、中等丝、下等丝、白土布(棉制品,以及厚棉布、大布)、玛什鲁普、袷袢、地毯、印花布(染色的粗棉布)、俄国印花布、印花头巾、印度的细纱、白洋布、羊皮、白羊羔皮、狐皮、棉花、毡子(红色的)、套鞋式的萨尔特靴子等,腰带、中国布匹、古什纳(用作生丝染料的树根)、布兹滚其(黄连木树叶上的虫瘿制成的染料)、丝织物、被子、锦缎、和田毛线。[1]

五 清代新疆进贡面料分析

从清宫旧藏织绣品概略统计,北京故宫博物院现收藏有清代新疆进贡面料约1681件。其中回回面料1494件,和田绸38件,舒库拉绸24件,阿尔泌壁衍绸79件,玛什鲁布46件;其中尤以回回锦面料最为丰富。

1 "回回"锦、印花布

- 锦,是以彩色丝线用平纹、斜纹的多重、多层组织织成的提花丝织品,属复杂结构的织物。锦的生产工艺要求高,织造难度大,所以历来被看作是最贵重的织物。"锦,金也,作之用功重,其价如金。"

- 锦有经锦(经起花的锦)和纬锦(纬起花的锦)之分。历史上新疆很有名的回回锦有实物流传;而疏勒锦、龟兹锦实物罕见。

(1) 白地织金胡桃纹回回锦,清,匹长713厘米,幅宽76.5厘米,清宫旧藏。(图1)

- 此锦结构由三组经线与三组纬线交织而成。其经线按红、黑、白顺序1:1:1排列,纬线按片金、黑、白顺序1:1:1排列。红色经与黑、白色纬不加捻,黑、白色经Z向弱捻。白色经与白色纬平纹交织构成白色底纹,黑色经与黑色纬平纹交织呈现黑色花纹时,片金纬与红色经下沉进行平纹交织。此时上下层间形成双层袋状组织,白色底纹处,黑色经、纬以浮长形成夹于双层之间;显黑色花纹时,白色经、纬以浮长形成夹

---

[1] 阿达莱提·塔伊尔:《从地方文献看清代南疆维吾尔商业经济状况》,新疆大学2007年硕士学位毕业论文,第35-37页。

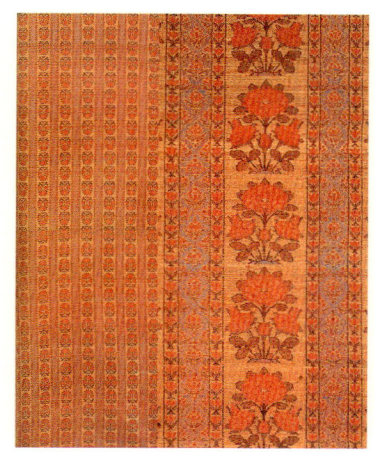    

2　　　　　　　　　　　　3　　　　　　　　　　4.1　　　　4.2　　　　4.3

于双层中间。织物有正反面，不呈现正反效应。金色胡桃有片金与红经作平纹交织，黑、白色纬交合作平纹，黑、白色经并合作夹经，不参与交织。胡桃内核处填织如意、方胜纹，由三组经线与黑色纬、片金交织。尽管织物在局部位置存在袋状组织，也只是为适应纹样及工艺的需要并增加织物牢度而自然形成，它与刻意追求织物正反面花纹互为效应的双层织物有所不同。此织物纹样在纯白色底纹上显现纯黑色卷藤纹，花清地明，富有绒感，串枝织金胡桃，金碧辉煌。

（2）织金簇花栏杆回回锦，清乾隆，宽 22.5 厘米，长 76 厘米，北京艺术博物馆藏。（图2）

🕮 整幅图案径向排列，以捻金线织金为地，簇花与小型花卉组成竖条栏杆纹交替分布，花循环经向为 6.8 厘米，纬向 16.5 厘米，一朵花的循环径向为 6.2 厘米，纬向 5.8 厘米。织锦配色和谐，艳丽华美。

（3）蓝色地绣球花回回印花布，清晚期，清宫旧藏。（图3）

🕮 此印花布以刻版刷彩印花及手绘的方法印制花纹。构图繁缛严谨，用色丰富华丽，花纹线条细腻，是新疆刻版印花的代表性作品。刻版印花，又称单版刷花；其制作方法是先将织物地子染成浅色，再在浅色地上连续印花、套色。此染花技术，多用于棉布印花。

2　和田绸

🕮 和田绸是新疆维吾尔族传统的染织品，又称为爱德来斯绸、舒库拉绸。因这种织物是先染经或先印经后织纬，故又叫"染经绸"。现在我国新疆、海南岛、苏州等地仍有织造。

（1）青色地和田绸，清，长 130 厘米，宽 33 厘米，清宫旧藏。（图4.1）

🕮 这件和田绸以丝经棉纬织成四枚异向斜纹组织。每平方厘米经线 58 根，纬线 22 根；经直径 0.15 毫米，纬直径 0.3-0.5 毫米。主要色彩有玫瑰红、湖绿、黄、茄紫、银灰、绿、黑等。花纹单位纵 130.5 厘米，横 33 厘米。这种斜纹组织的和田绸，正面花纹清晰，有光泽；背面露地纬明显，无光泽，花纹不清。

（2）茄紫色地和田绸，清，长 660 厘米，宽 42 厘米，清宫旧藏。（图4.2）

🕮 这件和田绸以丝经丝纬交织成平纹组织。经纬密度，每平方厘米有 66 根至 68 根，纬线 44 根。经纬直径均为 0.1—0.15 毫米。主要色彩有绿、玫瑰紫、黄、茄紫、蓝等，交织后有闪色效果。花纹单位为纵 71 厘米，横 42 厘米。此绸织造细密，质薄柔软，平滑光亮，正反两面花色相同。

（3）深棕色地和田绸，清，长 524 厘米，宽 31.5 厘米，清宫旧藏。（图4.3）

5　　　　　　6　　　　　　7

- 这件和田绸用浅豆沙色经丝扎染成深棕、大红、中黄色花纹，然后上机织造，由于经线上机时产生张力的不平衡，而使花纹轮廓呈现参差不齐的肌理感，形成和田绸独具的艺术特色。

3　阿尔沁壁衍绸

- 阿尔沁壁衍绸是新疆独有的丝织品，织造工艺与和田绸相同。其实物仅见于清宫旧藏的清代贡品，颜色有红色、蓝色、绛色、彩色。
- 彩织菱形纹阿尔沁壁衍绸，清乾隆，长518厘米，宽32.4厘米，清宫旧藏。（图5）
- 彩经与红色纬线交织成平纹地和花，以白色为地，以黄、红、蓝、紫、绿色经线组成菱形骨架，内填朵花式花纹。此绸织造细腻，构图独特，与和田绸一样采取分段扎染工艺把经线染成多种颜色，使织物质地轻柔，色彩丰富，花纹似锦。

4　玛什鲁布

- 玛什鲁布是清代乾隆年间新疆织造的一种起绒丝、棉交织物。起绒方法，与内地生产的漳绒相仿，属于起毛杆经起绒类型。采用了扎经印染工艺，因此又具和田绸的特点。经线用家蚕丝，纬线用棉纱。经线扎染成五颜六色，由于纤维毛细管的作用，玛什鲁布的彩条间带有别致的无级层次色晕。

（1）红色底玛什鲁布，清，长273厘米，宽40.5厘米，清宫旧藏。（图6）

- 以木红色丝线作地经，以玫瑰红、白、黄、蓝、月白、墨绿、深蓝、绯红等色线作绒经，木红色棉纱作地纬，交织成龟背纹、树纹。花纹单位，纵82厘米，横9.5厘米。经纬密度，每平方厘米有地经20根，绒经30根，经线不加捻，纬线正捻。经纬直径，地经0.1-0.15毫米，绒经0.15毫米。织物起绒平整，色彩艳丽，光亮滑泽，花纹对称潇洒，质地厚实。

（2）墨绿色地玛什鲁布，清，长242厘米，宽40厘米，清宫旧藏。（图7）

- 以墨绿色丝作地经，以玫瑰红、黄、蓝、月白、白、藕荷、绿色丝作绒经，用墨绿线作地纬，交织成花树条纹。棉线地纬正捻，丝经、绒经不加捻；经纬密度，每平方厘米有地经24根，绒经12根，地纬30至32根。经纬直径，地经0.15毫米，绒经0.3—0.4毫米，地纬0.2—0.35毫米。织物起绒平整，织工精细，色彩瑰丽，光泽感强，花纹潇洒奔放，质地厚实耐用。

结语

服装面料是服装的载体。通过对清代新疆地区服装面料的来源、品种分析，对于新疆哈密市博物馆收藏的维吾尔族袷袢、上衣等服装的艺术特色有了新的认识和理解。哈密市博物馆收藏的衣服面料大多来自中原地区，有的衣领、衣袖或衣边，却是由新疆本地或周边国家贸易的纺织品"回回"面料来缝制；受中亚、西亚文化的影响，回回面料纹样具有伊斯兰风格。一件衣服，用两地或多地面料来制作，体现了新疆清代贵族阶层着装追求舒适，又彰显奢华贵气的特征。新疆的服装面料，反映了丝绸之路服饰文化的双向交流。

参考文献

[1] 罗绍文：《新疆蚕业史概述》，《蚕业科学》1982年3月第1期。

[2] 《清实录·新疆资料辑录》，新疆社会科学院历史研究所编，周轩、修仲一、高健整理订补，新疆大学出版社，2009年9月版。

章身锦衣京城样——从清代哈密传统服饰设计管窥京城西域服饰艺术交融

东华大学 杨雪

摘要

清代是西域与中原服饰文化交流融合的又一重要历史时期,哈密位于新疆东部,是西域与中原服饰文化交通之要地。本文以新疆哈密市博物馆及北京艺术博物馆藏清代传统服饰为例,采用图像及文献考证相结合的研究方法,从两地服装的款式结构、装饰位置、配色及纹样设计等角度作以比较,对哈密贵族的服饰设计融合京城满、汉传统服饰特点进行了分析。该研究对了解清代京城西域服饰文化交流互动的情况,增进民族团结、传承与创新服饰设计具有积极意义。

关键词 清代 京城 西域 传统服饰 艺术交融

哈密地处新疆东部,自古就是丝绸之路上的重镇,也是西域与中原文化的交通要地。清代,是西域与中原服饰文化交流融合的重要历史时期,哈密历经九代回王治理新疆,前后共计 233 年。哈密地区留存至今的贵族服饰是当时新疆传统维吾尔服饰与中原文明紧密互动与传承创新的典型实例,更是民族服饰文化交融的重要体现。

本文以新疆哈密市博物馆及北京艺术博物馆藏清代传统民族服饰为例,采用图像及文献考证相结合的研究方法,比较两地传统服饰的款式结构、装饰位置、配色及纹样设计,对哈密传统服饰设计中的多元一体性以及清代西域与中原服饰文化互动交流情况做了分析。

一 清代西域与京城服饰文化交流的基础

自公元 1697 年清政府授予维吾尔族首领额贝都拉为"哈密回部一等扎萨克达尔罕"(意为世袭封建主)始,至 1931 年新疆省政府实行"改土归流"——废除哈密王的世袭统治止,历经九代回王治理新疆,前后共计 233 年的历史,额贝都拉家族统治下的新疆与中原地区在政治、经济、文化等方面保持着密切的联系。相对稳定的社会环境和与内地往来频繁的互动交往,为内地服饰文化传入西域打下了良好的基础。

1 畅通发达的丝绸之路

清朝时期,具有悠久历史传统的丝绸之路并未走向终结。在统一全国的过程中,清政府十分重视水陆交通的地位和作用,定都燕京以后,以北京为中心的水陆交通网络很快形成,丝绸之路干线成为北京连接西北和通往中亚部分地区的交通主干道。这一时期丝绸之路的功能逐渐由以对外贸易为主,转变为以西域及内地各民族经济贸易运输为主。畅通发达的丝路是中原和西域能够进行服饰文化艺术交往的先决基础条件。

2 清代汉人的大量西迁

哈密是清军屯田的重要基地。自乾隆二十四年 (1759 年) 清朝统一新疆后,内地大批汉族军民来到新疆屯田,至道光年间,哈密汉族人口总数达 4800 人[1]。汉族人口的迅速增加,促进了哈密经济的发展,也把内地的服饰文化带进了新疆。

---

1 陈世明主编,《新疆民汉双语现象与社会发展之关系》,民族出版社 2010 年版,第 126 页。

3 清政府的"供""赐"

清政府以白银和丝绸锦缎作为俸禄支付给哈密王公及各级官员,总计数额巨大。例如光绪《续纂江宁府志》记载:"哈密、吐鲁番亲王俸缎……苏杭宁三织造分办。江宁例办一千二三百匹。"[1] 另外,清朝皇帝常以蟒袍、补褂、黄马褂、金带、花翎、帽、靴等服饰品作为"政策性荣誉礼物"[2] 赏赐来朝进贡的哈密使节和功臣等。这些礼物本身价值不高,但是皆由清宫巧匠精工细作而成,具有较高的艺术价值和审美价值。这些俸缎和礼物被带回西域必定会为西域当地匠人制作衣饰用品带来全新的灵感,或者直接成为仿制和创新设计的摹本。

4 与内地纺织服饰贸易往来

清朝时期新疆与内地的纺织贸易商业往来的规模巨大,大量维吾尔商人从事贩运交易,哈密以其优越的地理位置条件,成为关内关外服饰文化交流传播的桥梁纽带。清初,准噶尔以牲畜兑换内地绸缎等产品,一次作价折合白银 18.62 余万两[3]。乾嘉年间,官方对新疆丝绸和贸易往来更加重视,积极鼓励边销丝绸业发展,指令江南三大织造署(江宁、苏州、杭州)为新疆生产绸缎。清代同光年间,新疆产地丝绸业迎来了较大发展,但大宗丝绸供给仍主要依靠内地输入。

清代哈密的维吾尔族商人主要分两种:一种属于哈密王府经营的商业贸易,一种属于民间私人经营的摊贩铺户和少部分富商大贾。王府商业经营范围非常广泛,在其领地范围内,王府设有专门的服饰手工作坊,例如毛皮制品作坊等,把羊羔皮、山羊皮等皮料加工成裘皮披风、皮袄、皮帽、皮靴、皮裤、皮手套等,经设置在哈密的商号和长途运输对内地进行销售。私营商人主要为王府高级官吏雇佣,其他维吾尔商人也可以在哈

---

[1] [清]汪士铎等:光绪《续纂江宁府志》卷一一上。

[2] 李治国:《清代藩部宾礼研究:以蒙古为中心》,内蒙古大学出版社,2014 年版。

[3] 新疆通志·商业志编纂委员会,新疆通志·外贸志编纂委员会,新疆维吾尔自治区档案馆,《新疆商业外贸史料辑要》(第 1 辑),1990 年版,第 97 页。

密开办商铺，依法经营、纳税[1]。繁荣的纺织贸易促使内地生产创造的绚丽丝绸制品在西域广泛流传，为西域贵族制作锦衣罗裙提供了面料基础。

5 纺织服装手工从业者

纺织服装类手工从业者是中原与西域服饰文化传播的重要组成部分。清朝时期，在哈密当地这类手工业者人数众多，根据其依附的商业系统可分为两类：一类是王府商业系统的手工业者，另一类是民间私营手工业者。王府商业系统的手工业者又分两类：一类主要为王府服务，负责加工制作金银饰品、皮革、鞋靴、缝纫衣服、擀毡、染布、织布等，主要供王府消费使用；另外一类集中在王府对外赢利的手工业中。户民私营手工业者，大都身兼生产制作与销售于一身。这些手工业者在当时社会地位较低，但却承担了设计制作精美金银首饰、丝绸服饰、毛皮服饰的使命，成为哈密服饰品设计制作最主要的人力基础。

经过内地人口西迁、朝廷供赐、商贸往来和西域当地手工业者的生产实践，中原的传统服饰文化得以在西域落地生根，并与当地独特的自然、地理、人文环境相结合，逐渐形成了西域服饰文化新风貌。

二 清代西域与京城传统服饰比较

服饰，作为民族及地域文化的重要物质载体，能够直观反映当时的社会状况，反映出当地人民综合了历史、地理、人文等因素所作出的独具时代特色和社会审美的时尚选择[2]。为探究清代中原文化对西域地区传统服饰设计的影响，笔者以新疆哈密市博物馆藏清代维吾尔贵族女式袷袢及北京艺术博物馆藏的清代满式氅衣和汉式女褂为例，分别从款式结构、装饰位置、配色及纹样设计的角度对两地服饰进行对比分析。

1 袷袢与满式氅衣的比较

在清代哈密服饰众多的实物样本中，镶边华丽的女式对襟袷袢最引人注目，它的装饰手法直接让人联想到清

---

[1] 苏北海，黄建华：《哈密、吐鲁番维吾尔王历史（清朝至民国）》，新疆大学出版社，1993年版。

[2] 徐红，陈龙，瓦力斯·阿布力孜：《新疆少数民族服饰及文化研究》，东华大学出版社，2016年版。

1   2

代氅衣。笔者选取了具有明显相似性的哈密市博物馆所藏的清晚期"红色绸绣折枝花蝶对襟袷袢"（图1）与北京艺术博物馆所藏的"红色暗花绸氅衣"（图2）进行了比较。

- 袷袢，是西域最具特色的民族服饰之一，其基本款式是对襟的外套，连袖，袖长过手指，无领或为立领。男女均穿着，男款无旁衩，女款左右开衩，衣长过膝，无扣，以腰巾或皮带束系，平面裁剪手工制成。哈密市博物馆藏的这件清代晚期"红色绸绣折枝花蝶对襟袷袢"身长113cm，通袖长140cm，袖宽17cm，腰宽53cm，下摆宽87cm，选用红色素绸作为面料，左右开裾处做如意云头装饰。袍身以五彩丝线绣折枝牡丹、玉兰、海棠、蝴蝶；以石青缎绣花蝶和绦带镶领边、袖边、裾边，石青缎缘边，选用绿绢做里衬，是一件具有典型结构的维吾尔族女式袷袢。

- 北京艺术博物馆藏的"红色暗花绸氅衣"是清代晚期内地普遍流行的氅衣款式。它身长130cm，通袖长93cm，袖宽23cm，腰宽46cm，下摆宽63cm。为立领，大襟右衽，挽袖，左右开裾至腋下，直身式袍。以红色暗花绸为面料，其上有"三秋图"团花的暗花，即以秋天的菊花、蜀葵、海棠花组合，以表现"秋"的主题。这件氅衣作为应景服装，可能是秋天穿着。镶边饰三道，内层为湖色牡丹、荷花、梅花纹绦子，中夹青色缎绣玉兰、桃花、兰花、菊花、海棠花、彩蝶纹，以元青缎缘边。挽袖有五道边饰，增加了白缎地绣花卉边饰，镶粉色花绦。开衩处如意头作装饰，无里衬。

- 对比两者，都是宽身大袍，领口、袖口、门襟、开衩处均镶绲花边和云头作为装饰，色彩艳丽，对比强烈。不同之处在于：氅衣长度及踝，款式为大襟右衽，有底襟，开襟处以盘扣系之，宽袖，袖口处设计有挽袖和袖头，整体风格含蓄内敛。而袷袢长度仅过膝，款式为对开襟，无底襟，袖肥从腋下到袖口渐趋缩窄，无挽袖，下摆底边无镶边，整体风格奔放艳丽。

- 经仔细比较，笔者发现哈密维吾尔贵族女式袷袢的衣身和镶边的刺绣纹样与内地氅衣的装饰意趣相仿。牡丹、玉兰、海棠花、梅花等花卉均不产自西域，哈密服饰对这些植物纹样图式的运用显然是受到了中原文化的影响。从纹样的位置经营角度来看，维吾尔族女装喜欢散点铺陈，满地装饰，京城氅衣的纹样装饰重点位置在边缘，衣身底料与边缘装饰，主次突出，详略得当，适当留白，使用暗花给衣裳增添了动静相宜的优雅美。

- 满式氅衣的服饰色彩通常会在空间上按一定比例有序结合，变化中有统一。不同色彩的色相、明度、纯度、面积之间，形成差异与对比，但整体上追求协调一致，给人以俏丽、清雅的审美感受。相较而言，西域女装

3　　　　　　　　　　　　　　　　　　4

整体配色显得更大胆，对比度更高，视觉冲击力更加强烈，普遍喜欢明度、纯度、饱和度较高的色彩体系，与维吾尔民族人民热情奔放的民族性格和色彩审美相契合。

2　袷袢与汉式女褂的比较

- 另有两件十分神似、有趣的女装外套，分别为哈密市博物馆所藏的清晚期"大红色暗花缎绣折枝花对襟夹袍"（图3）以及北京艺术博物馆收藏的清晚期"红色天鹅绒如意对襟褂"（图4）。

- 哈密市博物馆收藏的"大红色暗花缎绣折枝花对襟夹袍"同样是一件维吾尔族女式袷袢。其身长109cm，通袖长150cm，袖宽13cm，腰宽60cm，下摆宽80cm。该袷袢选用的是大红色暗花缎面料，绣以牡丹、荷花、菊花、梅花等四季花卉纹样；直领双如意式对襟，左右开裾，开裾、前襟处做如意头装饰。衣边两道镶饰，分别是青地花卉纹绦子边、黄地缠枝纹织银锦，石青缎缘边，配以蓝色绢里衬。

- 北京艺术博物馆收藏的清代晚期"红色天鹅绒如意对襟褂"是一件典型的汉式女褂，通常搭配下裙穿用。其身长103cm，通袖长132cm，袖宽44cm，腰宽69cm，下摆宽87cm。款式为立领，对襟，宽袖，左右开裾。面料为红色天鹅绒，对襟处饰双如意云头，缀蓝色绸带用以系结。领缘、衣边镶二道丝绦和一道青色缎，另有一道青缎缘边。挽袖纹样为本色缎绣亭台人物小景，镶青色水波纹丝绦，月白色素绸里衬。

- 哈密袷袢在形制上保留了传统窄袖式样，衣身已大大加肥，服装装饰纹样复杂跳跃，配色大胆艳丽，整体对比强烈，富贵感十足。而"红色天鹅绒如意对襟褂"袖子宽大平直，廓形严冷方正，延续了汉式女装一贯的宽博。装饰简单明了，色彩虽也艳丽，但对比之下更见含蓄内敛，着重突出服装高雅、娴静的审美特征。

- 传统汉族服饰体系延续的是自周代以来，以丝绸面料为基础的宽衣文化，衣身宽肥，把控森严，不显露身形。而传统的西域服饰延续的则是游牧民族以羊毛、裘皮面料为设计基础的窄衣文化。然而历经数千年的交融演变，到了清代，这两件衣服相隔千里跨越着民族与习俗的差异，却有着极为相似的款式造型及装饰设计。

三　结语

哈密是古代丝绸之路进出西域的门户，是最早接受中原文明的地方，也是内地服饰文化融入最广泛和深入的地区之一。清朝时期中央政府在新疆建省，畅通西域丝绸之路，大批汉人军民迁居哈密屯田戍边，为西域带来了优秀的中原服饰文化。历史上哈密统治者与清政府关系密切，尤其清政府册封哈密维吾尔族首领为世袭回王以后，服饰品连年供、赐数额巨大。清朝时期，新疆与内地的纺织服饰商贸往来规模远超前代，哈密作为官方边销丝绸转运、贮存及行销的重要商业市镇之一，与中原的服饰文化互动之频繁亦远超前代，哈密当地的纺织服装手工业者在与内地的服饰文化交流链中起着重要的连接作用。

透过哈密传统维吾尔式服装与京城传统满、汉女装的设计细节比较，我们清晰地看到清代哈密地区的传统服装深受中原地区服饰影响。勤劳智慧的维吾尔族同胞在依照本民族生活习俗和审美习惯的基础上，创造出了独具民族与地域性特色的传统服饰新款式，引领了清代西域服饰设计与时尚审美新风潮。

清代大红色暗花缎绣折枝花对襟夹袍的修复

新疆哈密市博物馆　库尔班·热合曼

摘要

本文通过哈密市博物馆对清代大红色暗花缎绣折枝花对襟夹袍的修复，阐述了哈密特殊的地理环境造就的别具一格的民族服饰，值得大家共同保护和研究。

关键词　清代哈密　维吾尔族夹袍　形制特征　修复复原

清代是一个满汉文化交融的时代，尤其是服装文化，是我国服装史上改变最大的一个时代，服饰的形制庞杂繁缛，各具特色。而哈密地处新疆最东部，又是连接中原与西域的咽喉，丝绸之路上的重镇，新疆的东大门，素有"中华拱卫""新疆门户"之称。清代哈密的维吾尔族传统服饰具有深厚文化底蕴及独特的地域特色，突出特点是融合了满、汉、维的民族文化元素于一体，彰显了西域和中原内地文化深度交流融合的特征。哈密维吾尔族服饰在接受外来服饰文化的基础上，依照本民族的生活习俗，审美情趣，创造出了具有鲜明民族特征的传统服饰文化，形成了独具特色的哈密东天山文化；从空间上说，超越了新疆其他地区的维吾尔族及其他世居民族，具有极高的审美价值和独特的人文意义。虽然清代距今只有百余年的历史，但是大多数传世遗留下来的服饰如保存不当，中途修复不当，加上丝织品自身固有的特点和质地，会不同程度地遭到损坏。因此采取什么样的科学方法和技术保护措施，如何将传世的服饰继续长期保存下去，已成为文物保护者的当务之急。

新疆哈密市博物馆收藏了一件清代大红色暗花缎绣折枝花对襟夹袍，由于破损较为严重，2016年博物馆对其进行了保护性修复。本文就修复过程中对其形制特征，保护措施作了研究探讨，供同行借鉴。

一　形制特征

清代大红色暗花缎绣折枝花对襟夹袍距今有上百年历史，是新疆地区维吾尔族特有的袷袢，即界于汉地的袍、褂之间的一种衣服，与清代宫廷的夹褂形制相似，但较为宽大，无扣、无后开裾。面料质地为桑蚕丝的大红色暗花缎，里衬原是棉布。

1　款式

此维吾尔族夹袍衣长113厘米，通袖长156厘米，前胸围宽60厘米，前下摆110厘米，两边开衩高25厘米，袖深22厘米，袖口宽13厘米，领长34厘米，高3厘米，后背下摆宽77厘米。圆领，对襟一字盘扣，无袋，窄袖，下摆及膝，左右开裾，平面裁剪。袖口、领周用10厘米织锦加1厘米黑缎贴边，间隔0.7厘米缝上一条黑提花绦子边，形成三道装饰的图案；前胸处用织锦面料剪成一组向上和一组向下的云头如意纹，用黑

1

缎包边缝制装饰；下摆开衩处同样用织锦面料剪成一组向下如意云纹，以黑缎包边和绳边，间隔0.5厘米缝上黑提花绦子边。

修复后照片（图1）

2 **纹样**

- 整件夹袍主体刺绣，纹样为大红色暗花缎上彩绣牡丹、荷花、菊花、蜡梅四季花卉，间饰蝴蝶、孔雀、佛手以及兰草等。其中荷花在前襟左右下摆处对称绣制，花呈侧面观，花瓣以红、粉红、淡粉、白套针晕色，周围有水草、荷叶、莲蓬为衬托，整簇纹样以根须相连，构图疏密有致，灵动流畅。牡丹在前襟腰部对称绣制，花呈俯面观，分别用蓝色、紫色等丝线套针晕色，枝多挺拔，叶为卵圆形，前胸左右处分别绣菊花，花型纤细，花朵及枝叶构图疏朗。肩部分别饰长春花及佛手，寓意福寿长久。两袖外端分别绣孔雀、牡丹，寓意吉祥富贵。夹袍的背面主体纹饰为荷花、蜡梅、牡丹、菊花等，间饰蝴蝶、兰花、佛手、野花等。夹袍镶嵌绦边为黑地四季花卉纹样，织锦纹样承袭元代以来构图造型，突显金彩夺目。

3 **色彩**

- 服饰的颜色在很大程度上体现了一个民族的生活气息和习惯。此袷袢主体色彩为暖色大红，艳丽夺目；黄色锦镶边，对比热烈。红色与黄色交融，反映出新疆地区所具有的"火一样热情、诗一样浪漫"的民风民俗。袷袢刺绣花卉则多彩用冷色、中性色点缀，如蓝色、绿色、紫色、白色等，一暖一冷、一静一动，相互搭配，彰显了新疆哈密维吾尔族服饰的典雅、淳朴、庄重之美。

- 此袷袢既有汉地尚红的喜庆审美，又有晚清满族氅衣十八镶的造型，而其独有的窄袖、对襟一字盘扣，则延续了千百年来本土文化的特征。大红色暗花缎刺绣花蝶纹女袷袢，形制清晰，纹饰多样，色彩鲜明，图案古朴，工艺精湛，从中可以窥见哈密维吾尔族服饰受中原服饰文化的影响，以及本民族服饰文化的传承。虽历经漫长的岁月洗礼，至今依然散发出独特的魅力。

二 破损状况

这件有代表性的别具一格的清哈密维吾尔族夹袍，由于年代久远加上使用频繁，经纬纤维间吸满了尘土，污渍斑斑，缺失严重，里衬基本磨损。后有人进行过修复。正是因为这个修复没有按照文物保护的原则进行，故对

2　　　　　　　　　　　　　　　3

原件造成了更大的二次伤害，原件门襟下部缺失的如意饰面是织锦，四周贴边用绢纺裁成斜条缝合包裹而成，旦衬为柔软轻薄的棉布，而后添加的门襟饰面用了当时流行的有弹性的闪光条绒，贴边是平行裁制成的黑色平绒，里衬用了表面粗糙，纤维强硬的提花涤纶织物。裁制时也没按原件的尺寸要求，缝合后使得整件夹袍里外不一而扭曲，时间一长粗糙的里衬造成了原件多处经线断裂，纬线散架，门襟贴边磨损。如不及时进行修复，不但影响展示还会缩短其保存的时间。

修复前局部照片（图2）

修复前照片（图3）

三　修复保护

以文物保护修复的原则作为我们探讨清哈密维吾尔族夹袍修复方案的轴线，使用历史性的材料与技术，修旧如旧，不改变文物的原状。我们在获取该袷袢的所有文字信息和拍照取样后，将前人的不当修复全部拆除，恢复其原来的面貌和尺寸。通过科学的检测方法，确定缺失部分的材料，运用传统的针线工艺进行修复复原。

1　除尘清洗

由于此件维吾尔族夹袍色彩丰富，其红色的缎面碰水后极易褪色，而多种色彩的绣线也不易水洗，容易造成搭色和串色。但是如果不予清理直接修复，织物表面的污渍和纤维间的尘土又将影响其展示和保存。经过多次测试后，我们采用了由故宫文保科技部研制的多功能文物除尘布对袷袢进行整体除污。用去离子水和丝毛洗涤剂配置100∶1的溶液，把除尘布放进配置好的溶液里，浸透绞干，沿着经线的方向轻轻地单向快速擦拭，及时更换。直至织物表面干净为止，再用同样的方法换去离子水不加溶剂操作。实践证明这款超细纤维织造长短绒双面设计的除尘布，密度超高，纤维极细、柔软、滑爽，吸附、吸湿力强，操作时能够舒缓因重力对文物造成的损伤，安全性能好，使得原来因尘土污渍覆盖的织物表面又重新散发出鲜艳的光亮，达到了理想的效果。

2　面料的修复

通过仪器对清代哈密维吾尔族夹袍的主体面料及各个装饰部位面料进行测试，得悉大红色暗花缎的面料经纬线是桑蚕丝，缺失的前门襟下如意纹装饰部位是织锦，四周的绲镶边为纺类织物。古代面料的纹饰代表着一

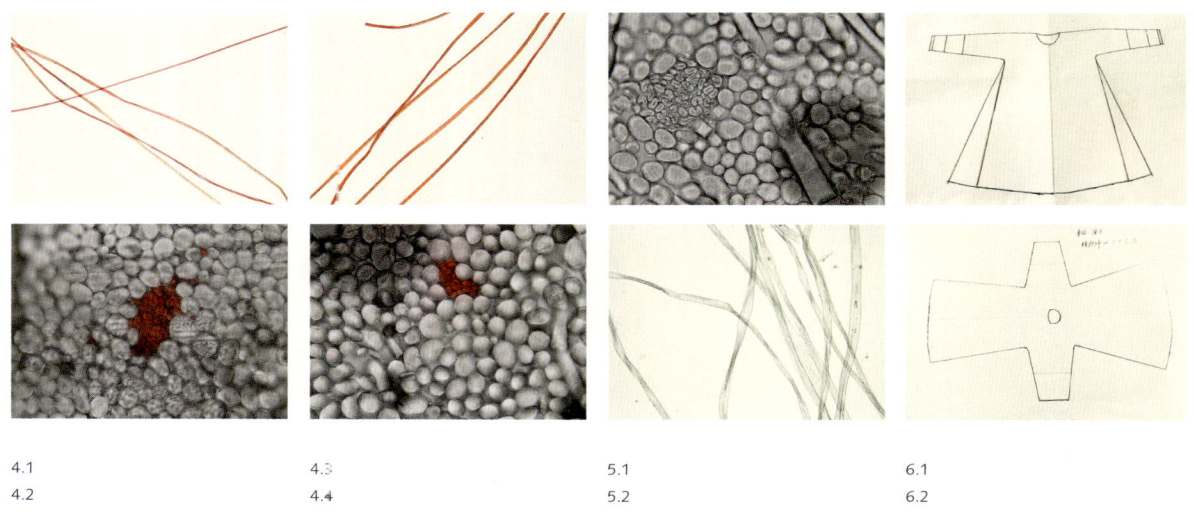

4.1　　　　　　　　4.3　　　　　　　　5.1　　　　　　　　6.1
4.2　　　　　　　　4.4　　　　　　　　5.2　　　　　　　　6.2

个时期的文化内涵，现在是无法找到的。因此在选背衬材料时只能挑选与原件质地相同，组织相似或接近的织物，进行染色修复；原件主体袖，前后片下部多处经线缺失纬线散架，我们挑选与原件质地相同的真丝素缎染色后作为背衬铺在缺失经线部位的下方，把纬线梳理整齐，用20/22D桑蚕丝线代替经线走铺针加以保护；门襟下方如意纹缺失部位则挑选了一块底纹和原件比较接近的厚实的真丝面料，按照原件的工艺要求剪样，上浆，裱上背衬，晾干绲边，成型后再缝到原来的部位；门襟和下摆缺失的贴边，根据原件残留的贴边尺寸和要求，将染好的绢纺45度角对折裁成三厘米宽斜条，用回针固定在原件缺失处。

红色面料纬线纵面20倍放大图（图4.1）

面料纬线横切面20倍放大图（图4.2）

面料经线纵面20倍放大图（图4.3）

面料经线横切面40倍放大图（图4.4）

3　里衬的修复

此件维吾尔族夹袍的里衬在拆除不当修复后仅残存领口袖口部分一点点原件的痕迹，取样检测里衬质地为平纹棉布，灰绿色。虽然现在这样的棉布能找到，但颜色鲜艳，如直接缝合上去里外反差大有点不和谐，所以找到此色棉布后还需做旧，用染色的方法进行。做旧后的棉布熨平后按原件的尺寸裁剪，依据原件的工艺走回针把里衬和面料缝合起来，形成一件完整的夹袢，有利于展示和保存。

最早的里衬经纬线放大图（图5.1）

最早的里衬经纬线纵面20倍放大图（图5.2）

形制图（图6.1）

裁剪图（图6.2）

清代哈密维吾尔族服饰无论款型、材质，还是装饰图案及色彩都充分展现其所处地理位置和周边民族互相影响下明显的复合型特点。通过与满族装饰图案的题材、部位、手法、风格和色彩几方面的比较分析中，发现满族服饰中独特的图案装饰美，在清代哈密维吾尔族服饰找到了很多的踪迹，清代哈密维吾尔族服饰当中呈现出明显的满族服饰元素。服饰的图案丰富、色泽鲜艳，充满浓郁的东方色彩，文化艺术价值十分重大；对一带一路上丝绸文化，以及西域丝绸文化内涵的研究都有十分重要的意义。这是一件具有代表性的清代哈密维吾尔族夹袍，是今天我们所倡导的民族融合与民族团结的宝贵文化遗产，也是清朝历代中央政府对新疆实行有效行政管辖与治理的实物见证，值得我们加以保护和研究，也是历代民族团结的象征。

四　保存和展出保存建议

古代纺织品的主要原料是棉、麻、丝等天然纤维为主，保存下来不容易。从这件袷袢的款式、纹样、刺绣工艺来看，具有明显的时代特征和艺术价值，值得重点保护与研究。修复后的文物保存环境尽量恒温恒湿，温度一般控制在18—25℃，湿度一般控制在45%—60%，室内光源使用冷光源，并加设紫外过滤罩；平时保管时尽量减少光照时间。要保持文物的室内环境整洁，尽量减少对文物的人为扰动。存放时需要折叠式保存；折叠处要垫棉棒或棉垫，用无酸包装纸来包装后，放入无酸纸板盒里，保存或展出时候最好平放、平展。若古代服饰在展柜里长期挂式展出，纺织品纤维会由于重力而受压，纤维会加快老化；因此建议平时平放在柜架内长期保存。

参考书目

1
（意）凯撒·布兰迪：《文物修复理论》，
意大利非洲东方研究院，2006年版。

2
马里奥·米凯利、詹长法主编，《文物保护与修复的问题》卷三，
文物出版社，2009年版。

《锦衣罗裙——京城西域传统服装联合展》工作团队

- 安全保障　马迎霞　李秀青
- 子项目负责人　胡桂梅　肖芮霞　李蓓　高飞
- 藏品提供　刘远洋　杨小军　库尔班·热合曼　木拉提　依力夏提
- 图片摄影　褚隽韬　李舜尧
- 讲解词　张丽　马媛　刘悦悦
- 文创研发　李蓓　王放
- 媒体宣传　肖芮霞　郑凯琪
- 后勤保证　孙瑾　刘雅楠
- 经费保证　李勤昌　陈红燕
- 协调实施　徐衍伟

图书在版编目（CIP）数据

锦衣罗裙：馆藏京城·西域传统服装研究 / 北京艺术博物馆，哈密市博物馆编. -- 北京：北京燕山出版社，2018.12
ISBN 978-7-5402-5273-1

Ⅰ.①锦… Ⅱ.①北… ②哈… Ⅲ.①西域–服饰–研究 Ⅳ.① K875.24

中国版本图书馆 CIP 数据核字 (2018) 第 271783 号

锦衣罗裙

馆藏京城·西域传统服装研究

编者	北京艺术博物馆　哈密市博物馆
责任编辑	刘占凤
书籍设计	XXL Studio 刘晓翔 + 张宇
出版发行	北京燕山出版社有限公司
社址	北京市丰台区东铁匠营苇子坑 138 号 C 座（嘉城商务中心）
电话	010-65240430
邮编	100079
印刷	北京雅昌艺术印刷有限公司
开本	787mm× 1092mm　1/8
字数	268 千
印张	21.5
版次	2018 年 12 月第 1 版
印次	2018 年 12 月第 1 次印刷
书号	ISBN 978-7-5402-5273-1
定价	498.00 元